UNIR
PUNTO A PUNTO
IMÁGENES PARA LA SERENIDAD

UNIR
PUNTO A PUNTO
IMÁGENES PARA LA SERENIDAD

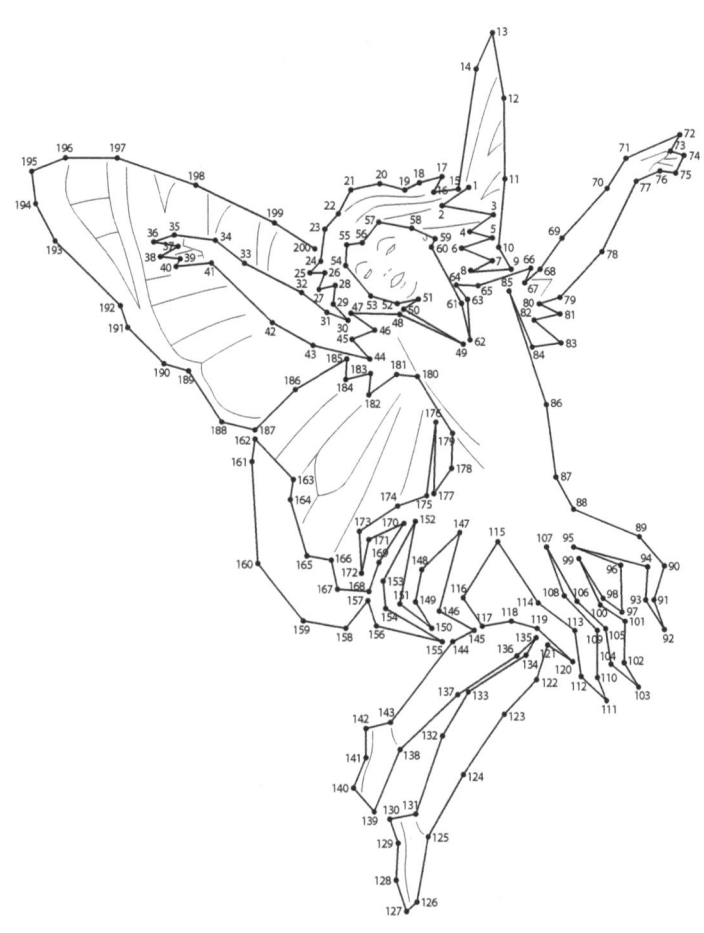

David Woodroffe

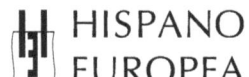

HISPANO
EUROPEA

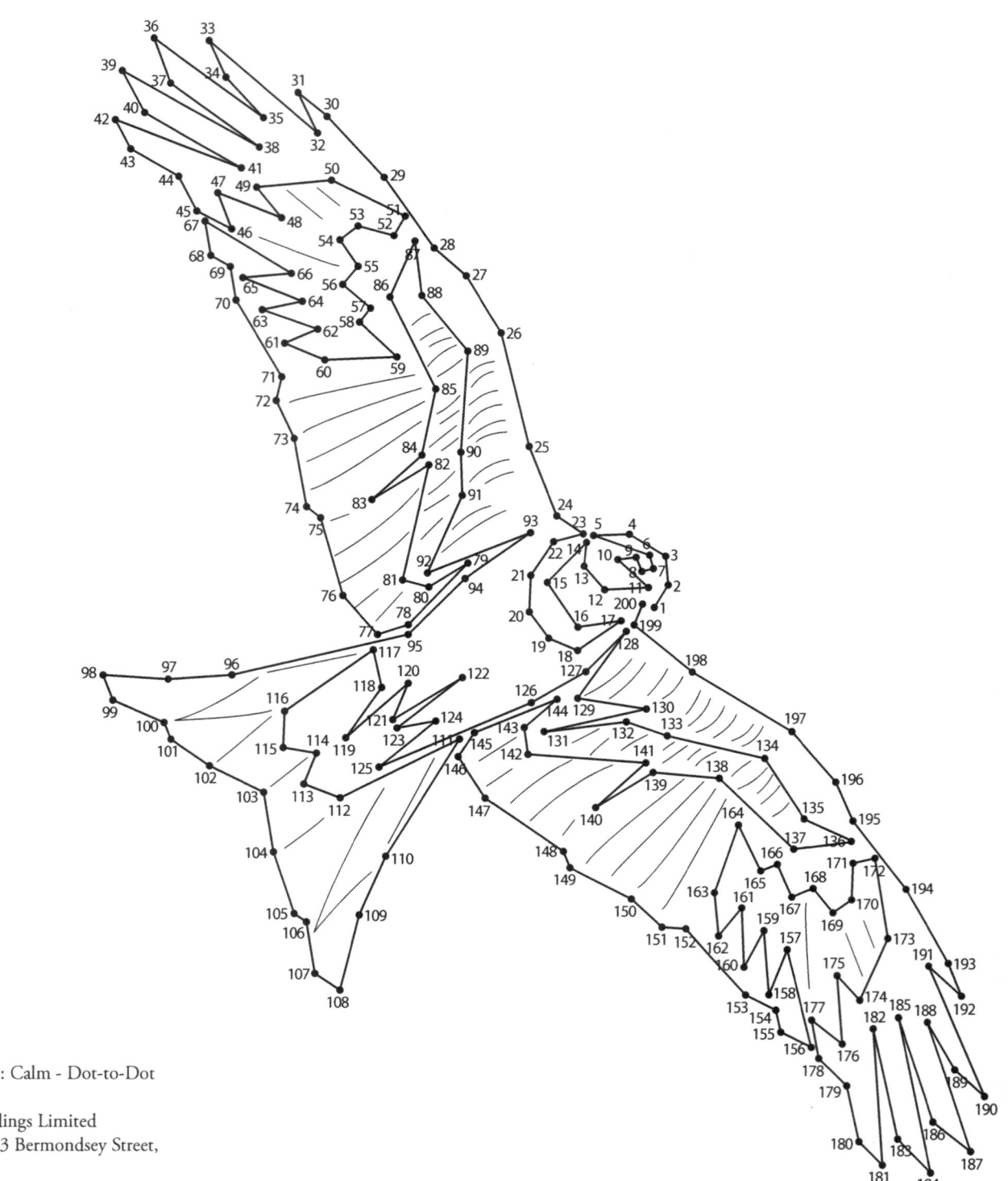

Título de la edición original: Calm - Dot-to-Dot

Copyright © Arcturus Holdings Limited
26/27 Bickels Yard, 151–153 Bermondsey Street,
London SE1 3HA

© de la edición en castellano, 2025:
Editorial Hispano Europea, S. A.
E-mail: hispanoeuropea@hispanoeuropea.com

Depósito Legal: B 3571-2025
ISBN: 978-84-255-2160-7

Consulte nuestra web:
www.hispanoeuropea.com

Impreso en España

INTRODUCCIÓN

Cuando la vida cotidiana se vuelve demasiado ajetreada y necesitas algo para distraerte, hacer un dibujo uniendo puntos puede ser una forma simple y efectiva de relajarse y recargar energías.

Dentro de estas páginas, encontrarás una maravillosa selección de imágenes para completar, desde criaturas fantásticas hasta obras de arte, personajes famosos y objetos cotidianos.

Todo lo que tienes que hacer es tomar un bolígrafo o lápiz y encontrar el punto número uno, y luego seguir el resto de los puntos hasta llegar al número final. A medida que te concentres en unirlos, descubrirás que dejas de lado tus preocupaciones mientras creas la imagen seleccionada.

Entonces, ¿por qué no encontrar una silla cómoda, tomar una bebida relajante o incluso un pequeño dulce, ponerse en marcha y, sobre todo, divertirse?

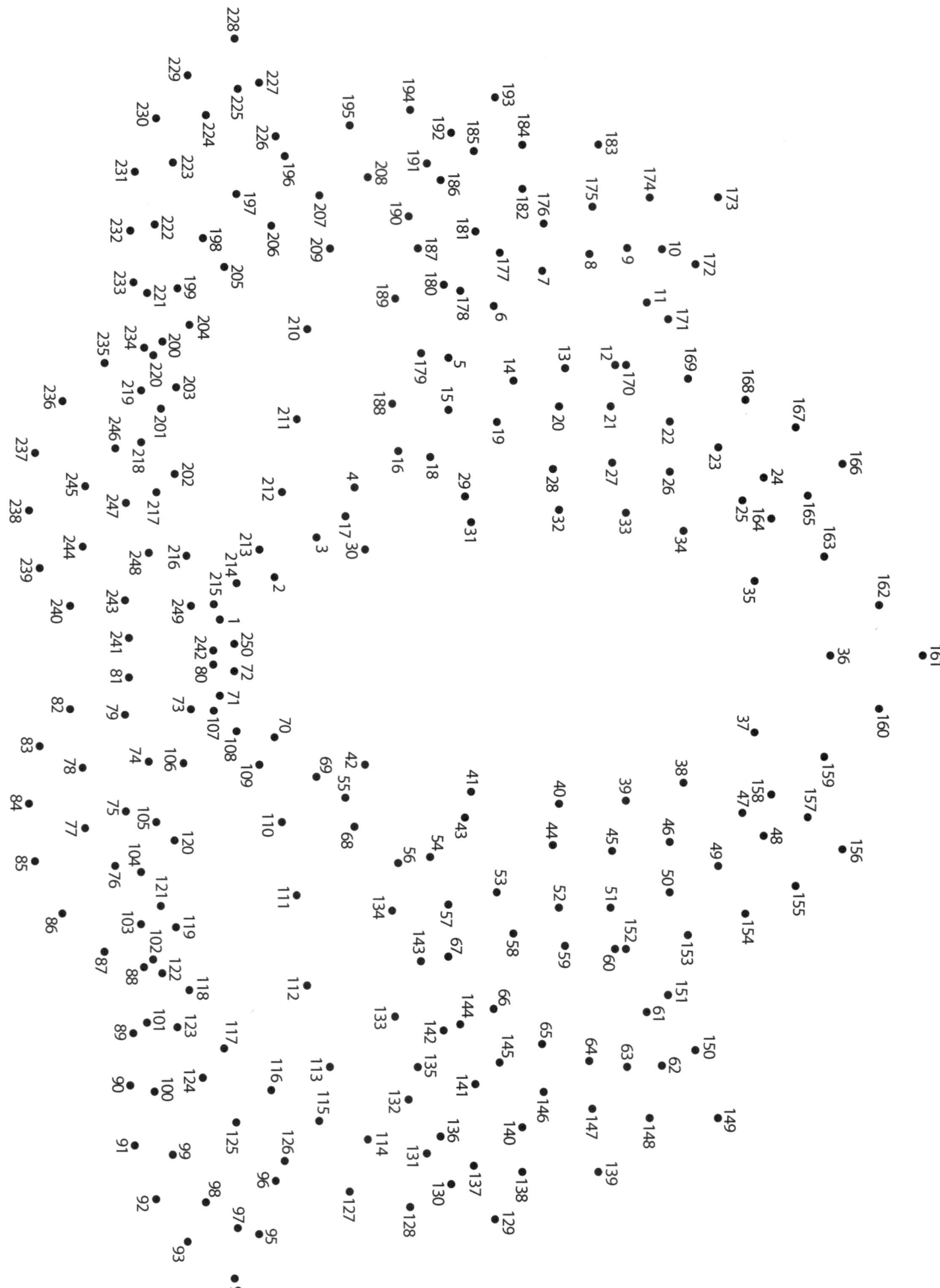

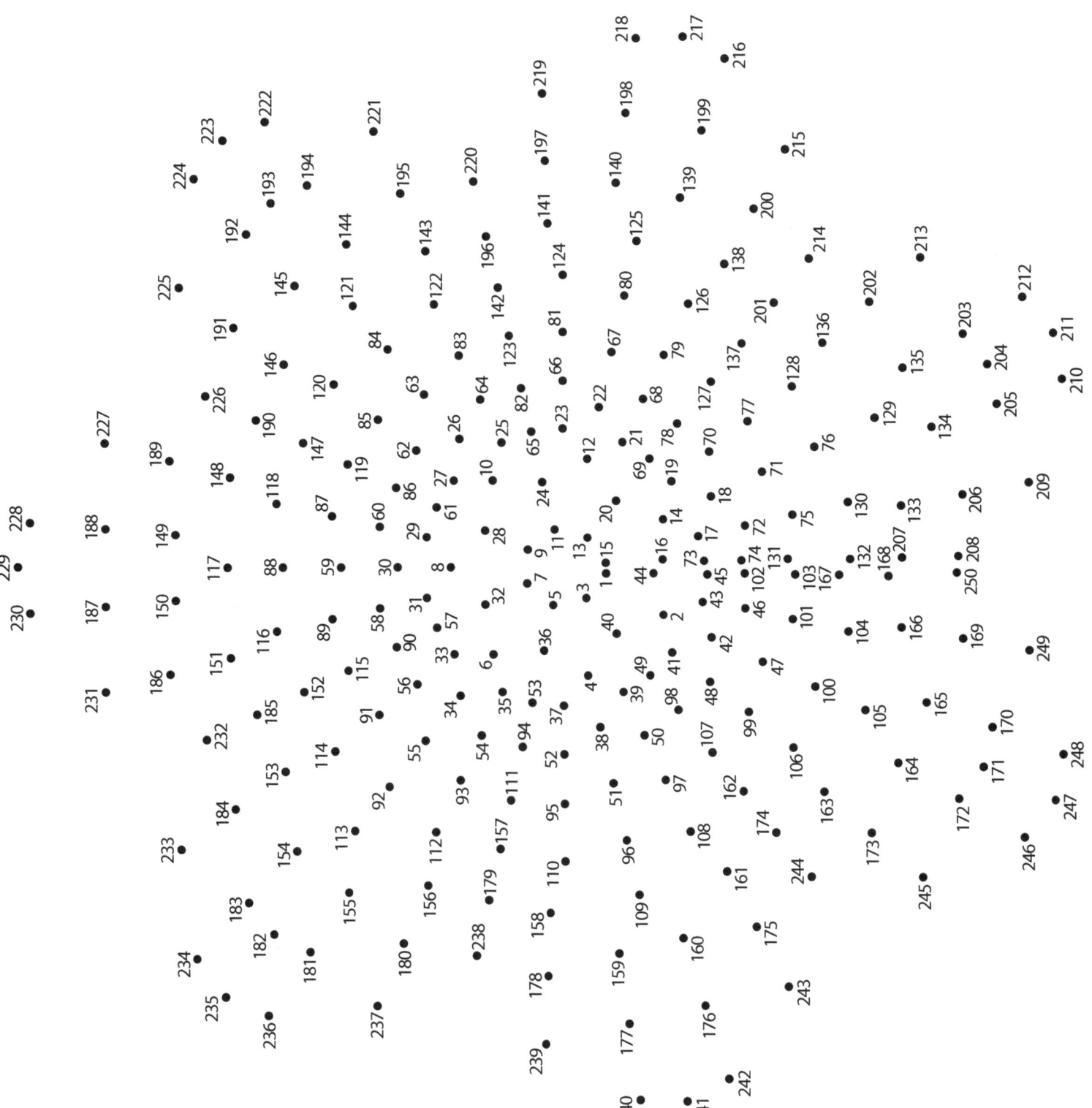

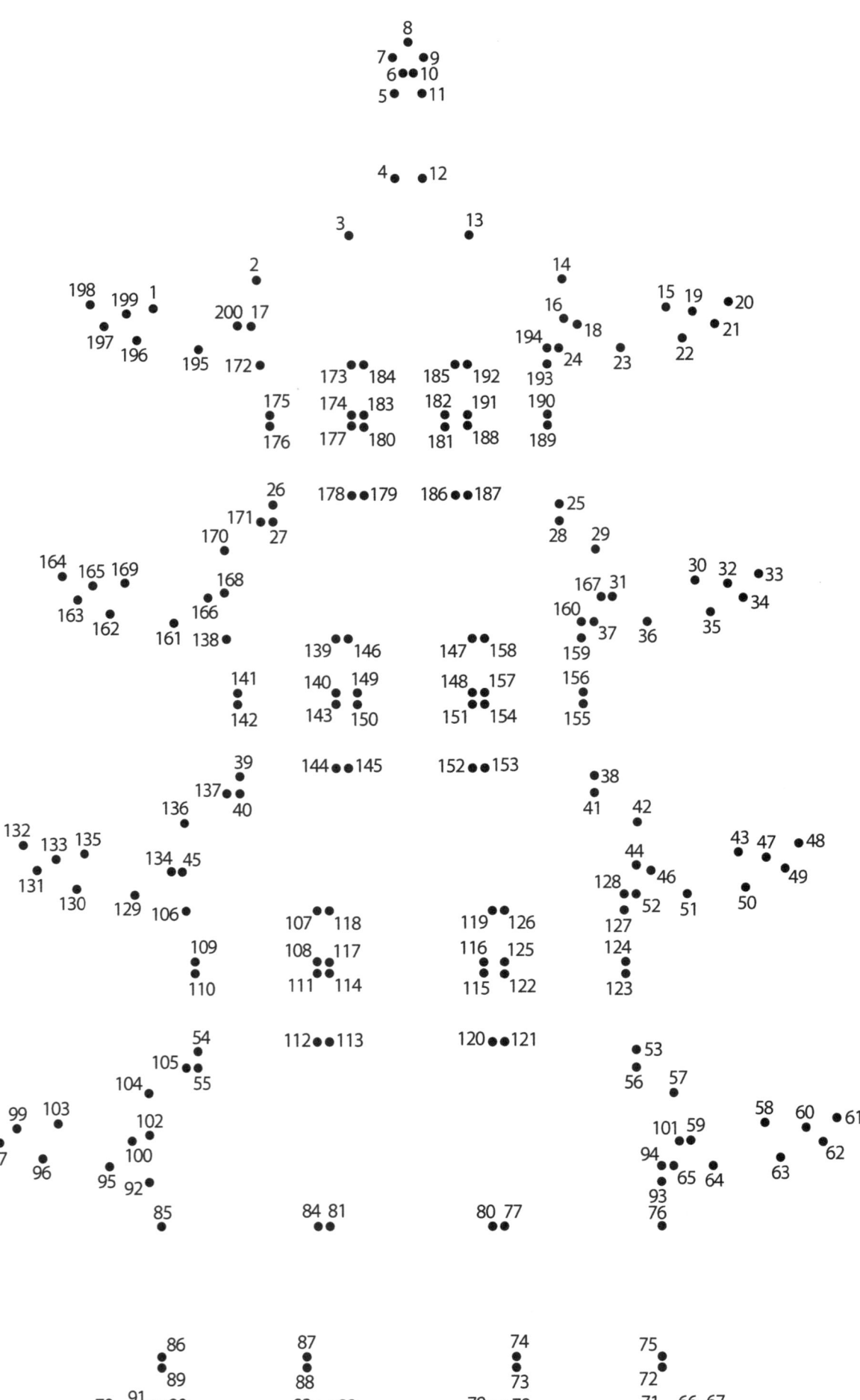

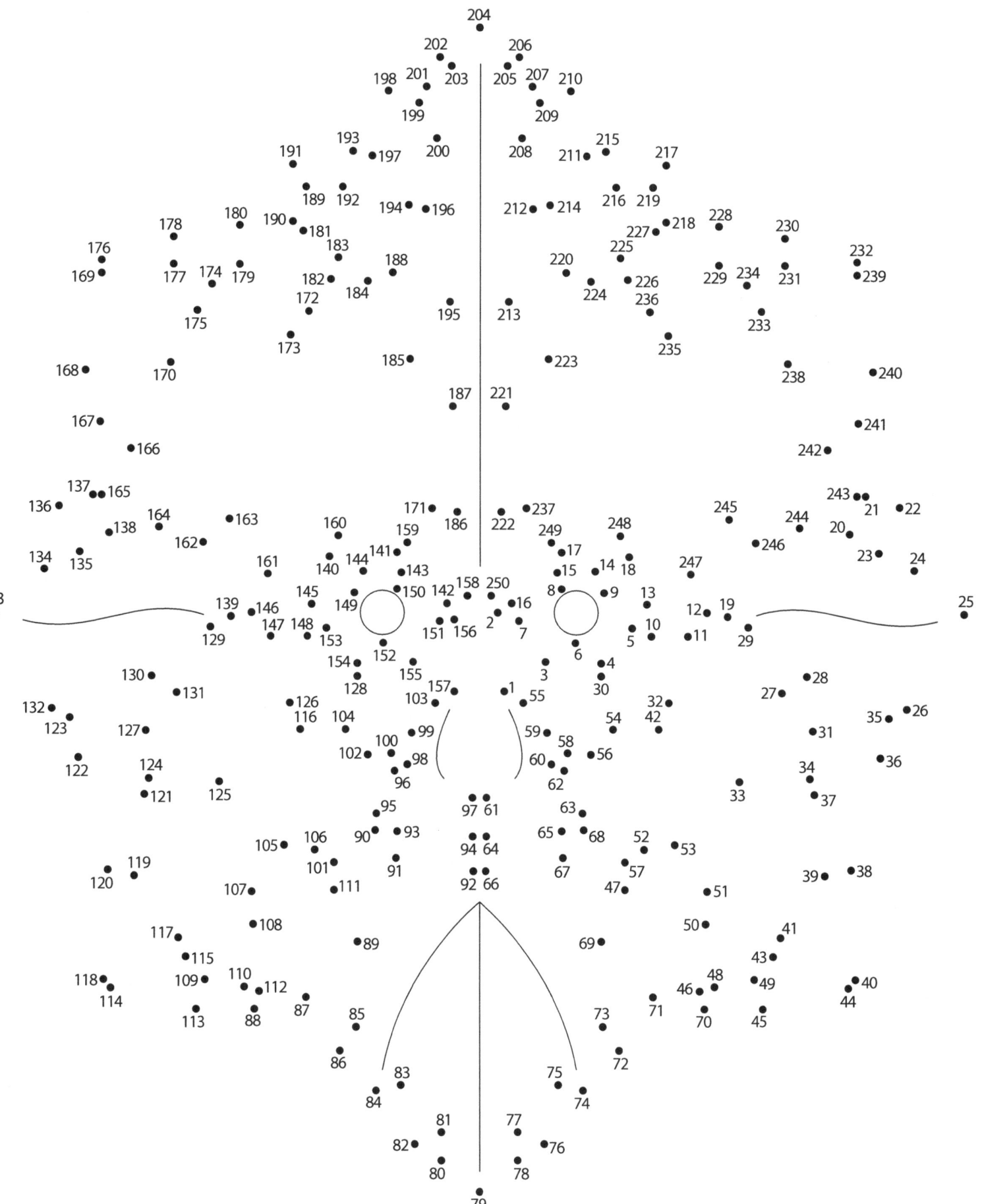

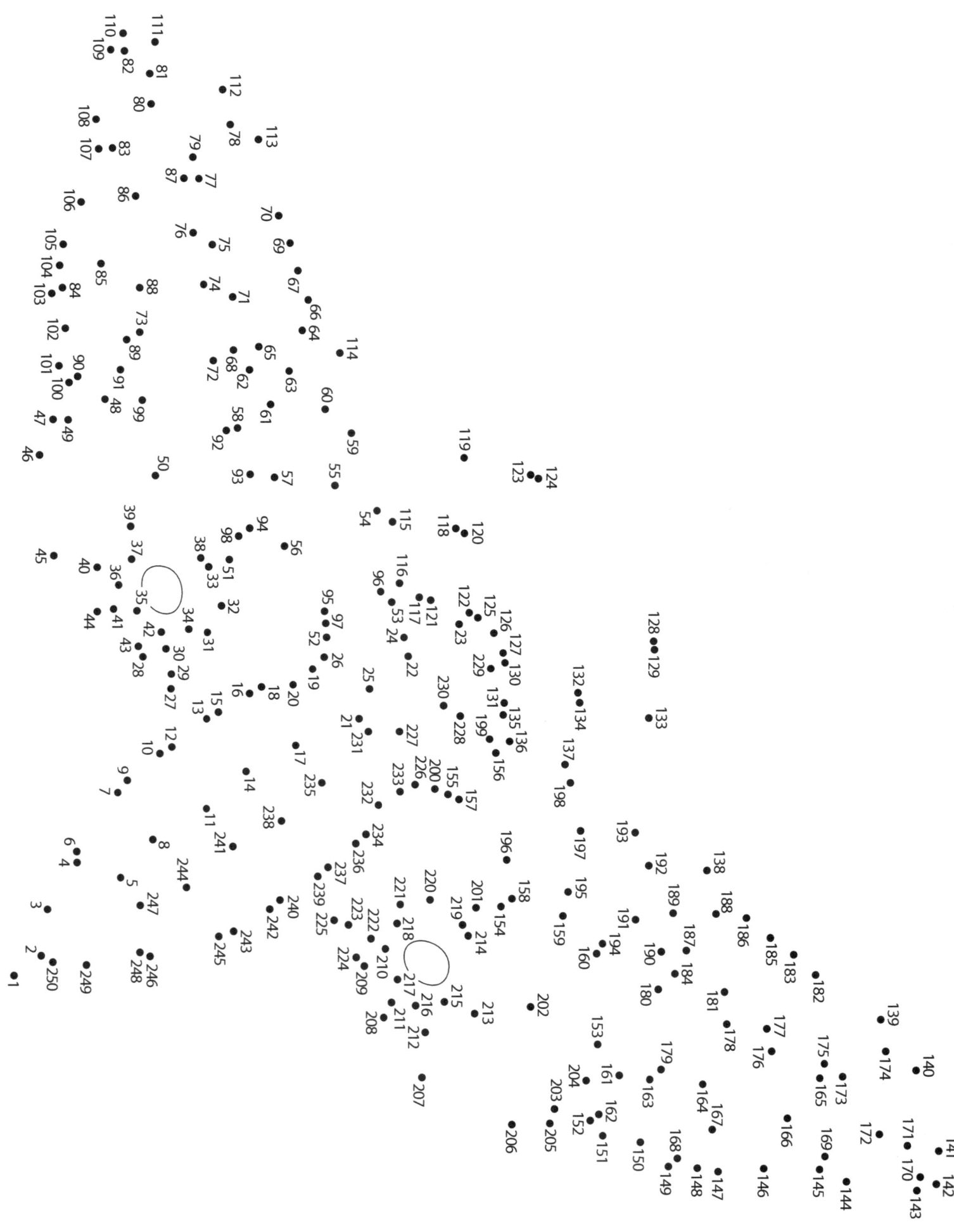

10

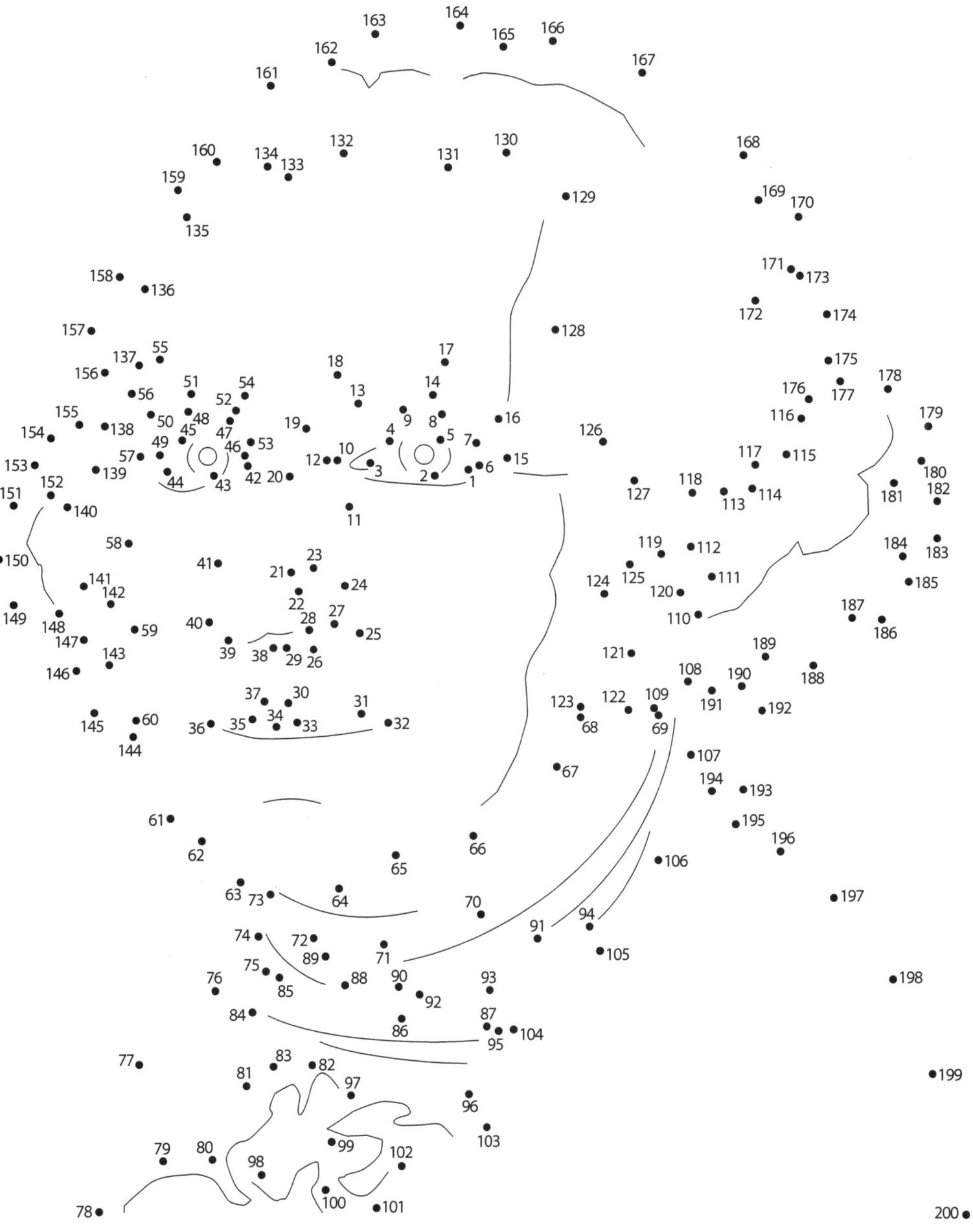

1

2

22● ●20 ●18 ●16 ●14 ●12 ●10 ●8 ●6 ●4

●21 19● ●17 15● ●13 11● ●9 7● ●5 ●3
●24 26● ●28 30● ●32 34● ●36 38● ●40 ●42

23● ●25 ●27 ●29 ●31 ●33 ●35 ●37 ●39 ●41 ●43
63● ●61 ●59 ●57 ●55 ●53 ●51 ●49 ●47 ●45

●62 60● ●58 56● ●54 52● ●50 48● ●46 ●44
●65 67● ●69 71● ●73 75● ●77 79● ●81 ●83

64● ●66 ●68 ●70 ●72 ●74 ●76 ●78 ●80 ●82 ●84
104● ●102 ●100 ●98 ●96 ●94 ●92 ●90 ●88 ●86

●103 101● ●99 97● ●95 93● ●91 89● ●87 ●85
●106 108● ●110 112● ●114 116● ●118 120● ●122 ●124

105● ●107 ●109 ●111 ●113 ●115 ●117 ●119 ●121 ●123 ●125
145● ●143 ●141 ●139 ●137 ●135 ●133 ●131 ●129 ●127

●144 142● ●140 138● ●136 134● ●132 130● ●128 ●126
●147 149● ●151 153● ●155 157● ●159 161● ●163 ●165

146● ●148 ●150 ●152 ●154 ●156 ●158 ●160 ●162 ●164 ●166
186● ●184 ●182 ●180 ●178 ●176 ●174 ●172 ●170 ●168

●185 183● ●181 179● ●177 175● ●173 171● ●169 ●167
●188 190● ●192 194● ●196 198● ●200 202● ●204 ●206

187● ●189 ●191 ●193 ●195 ●197 ●199 ●201 ●203 ●205 ●207
227● ●225 ●223 ●221 ●219 ●217 ●215 ●213 ●211 ●209

●226 224● ●222 220● ●218 216● ●214 212● ●210 ●208
●229 231● ●233 235● ●237 239● ●241 243● ●245 ●247

228● ●230 ●232 ●234 ●236 ●238 ●240 ●242 ●244 ●246 ●248
250 ●249

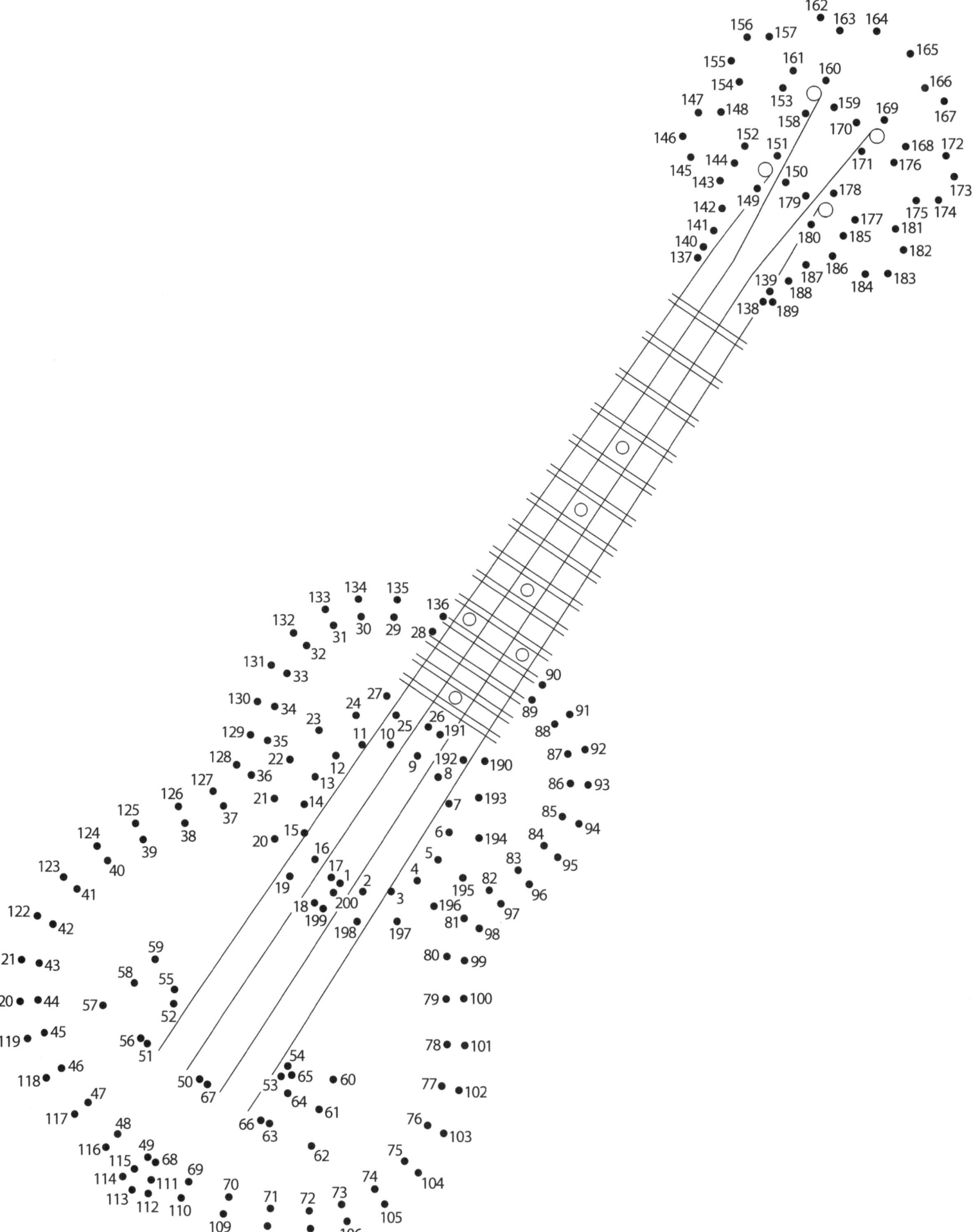

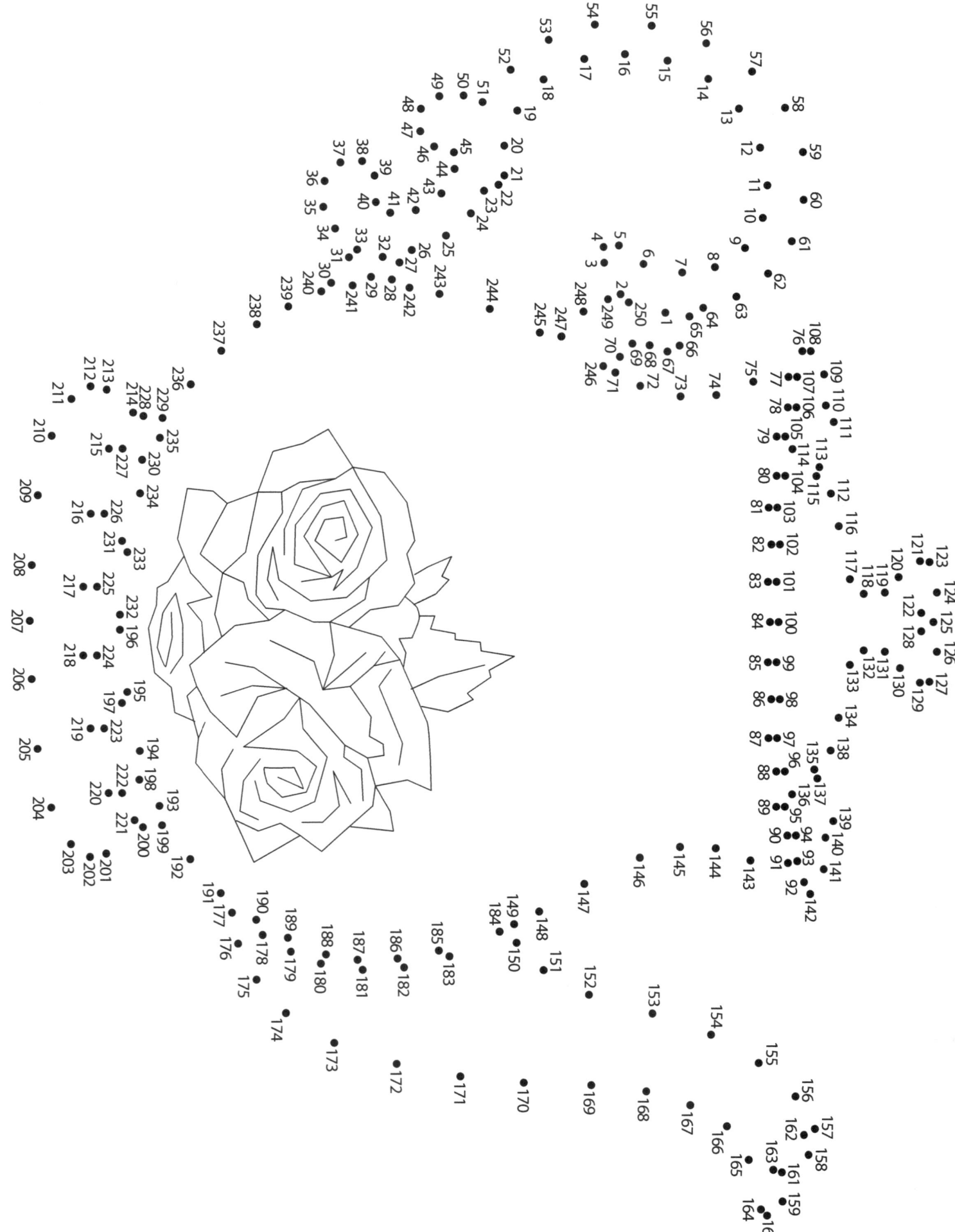

14

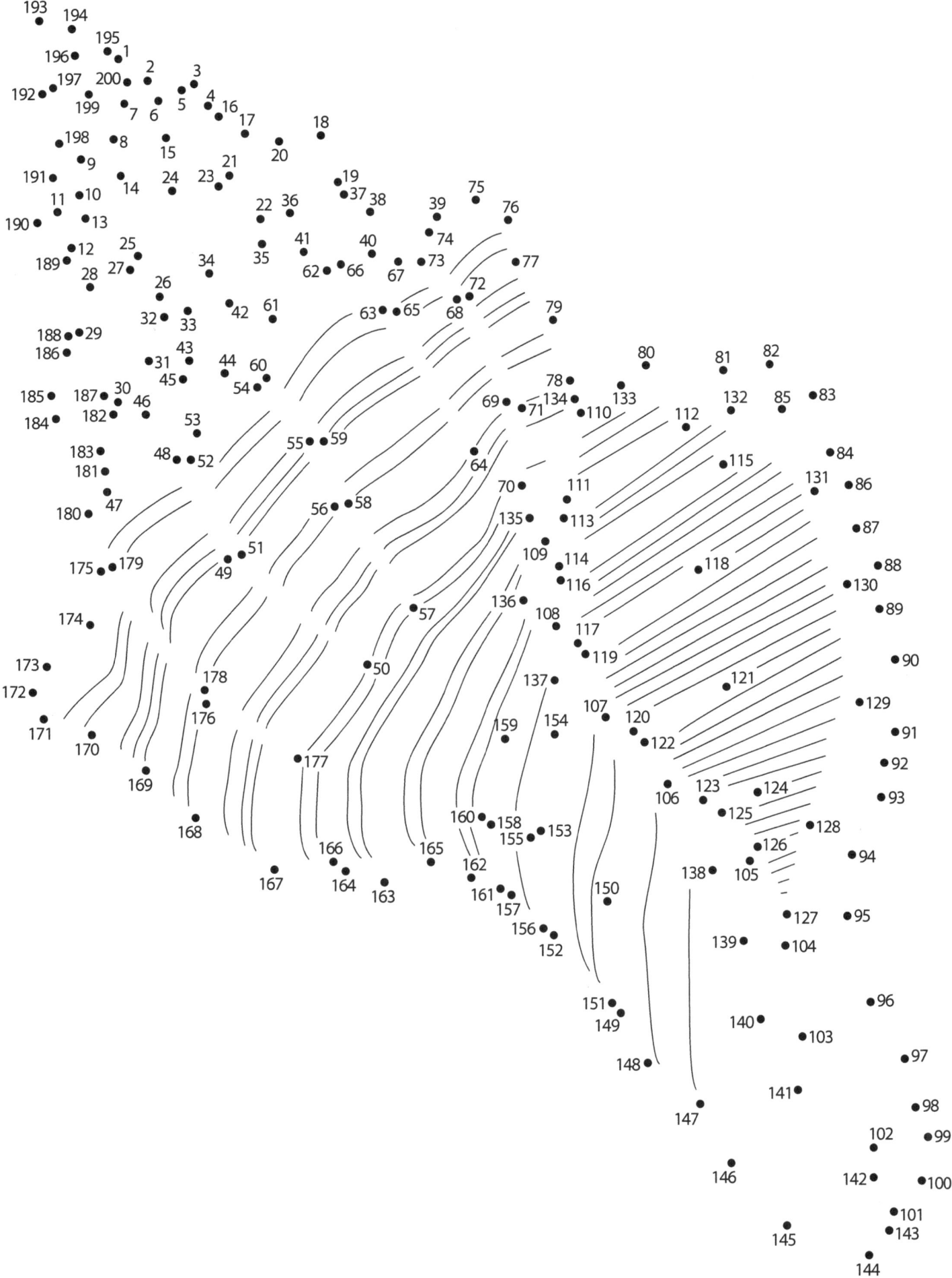

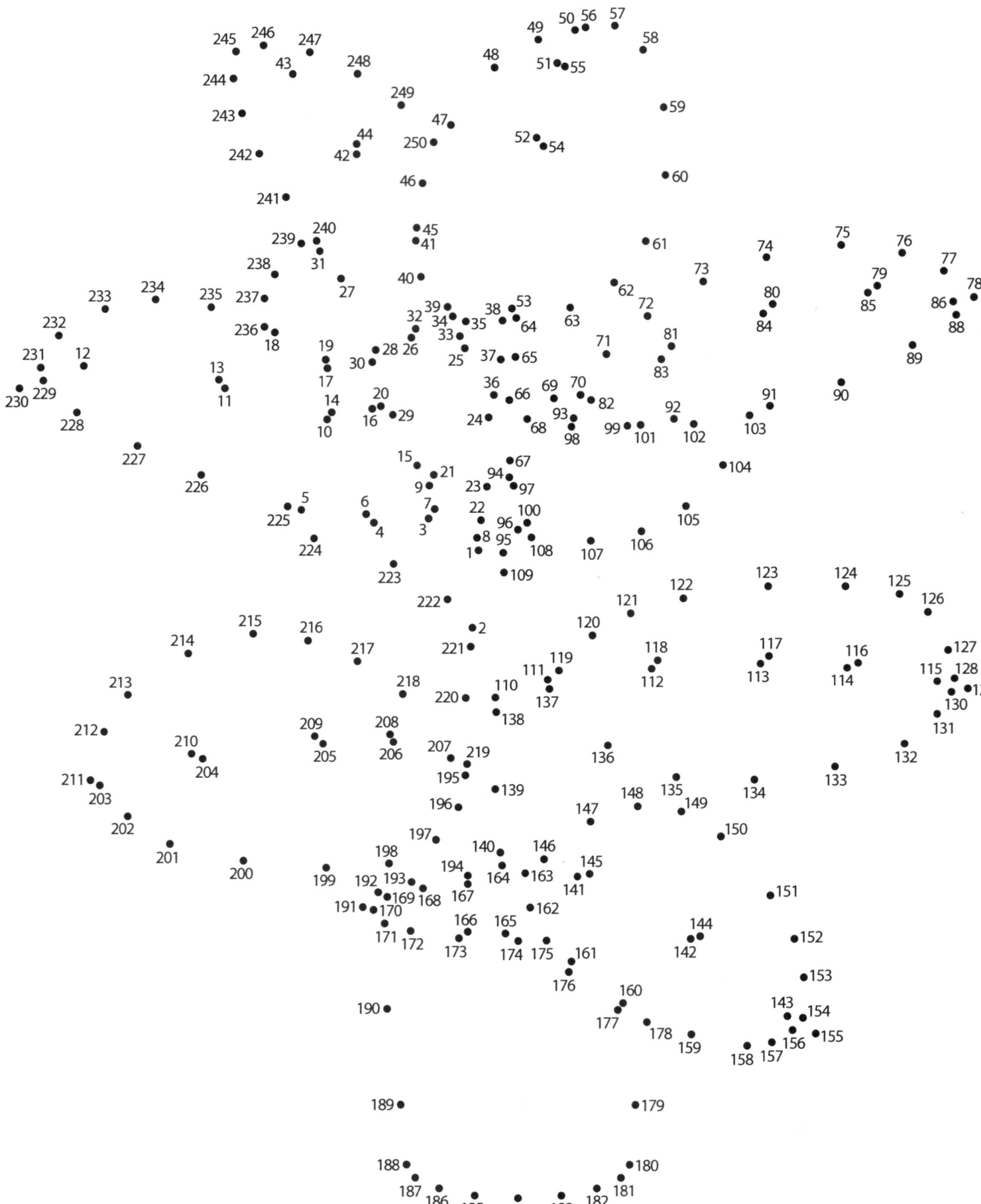

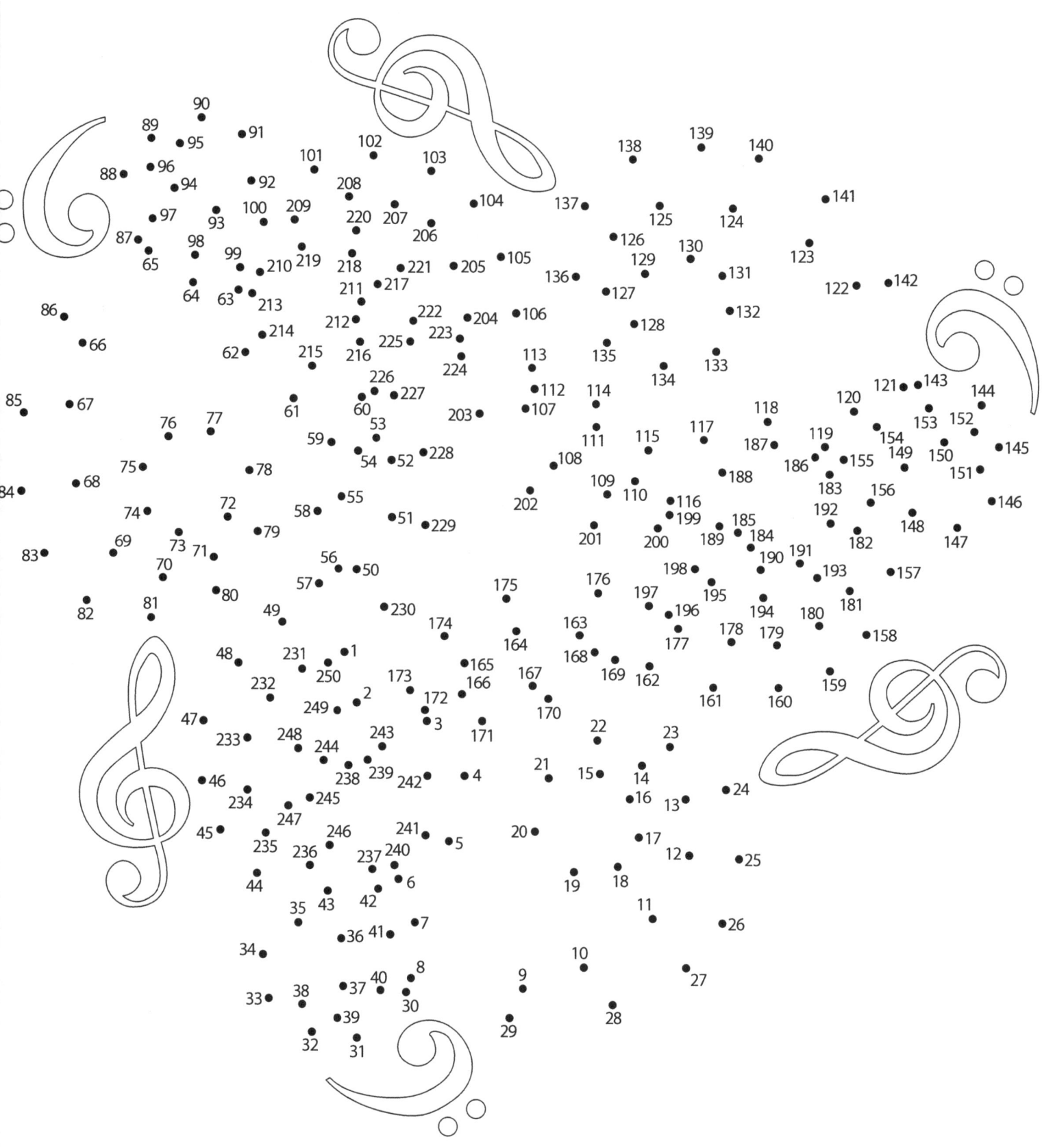

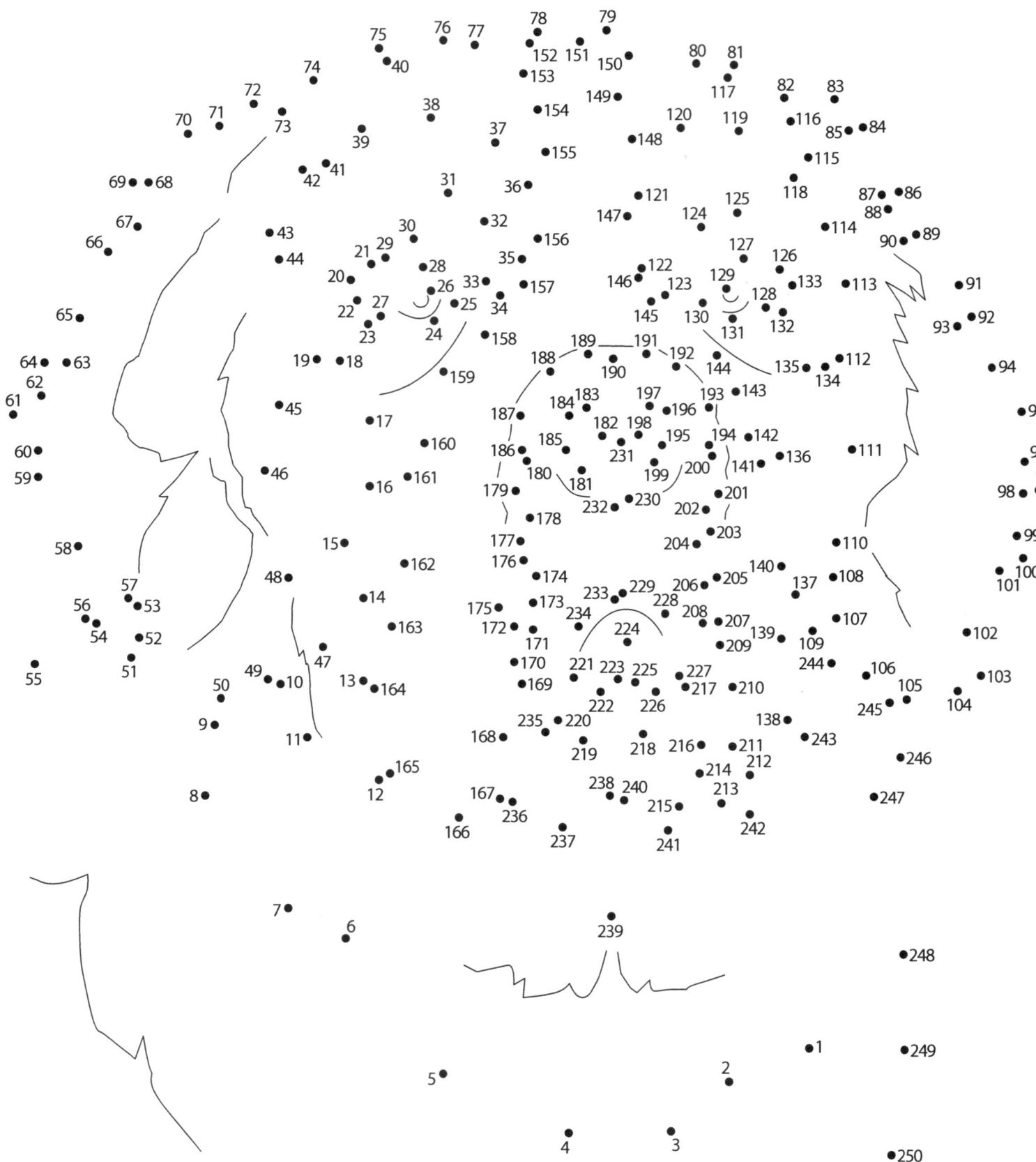

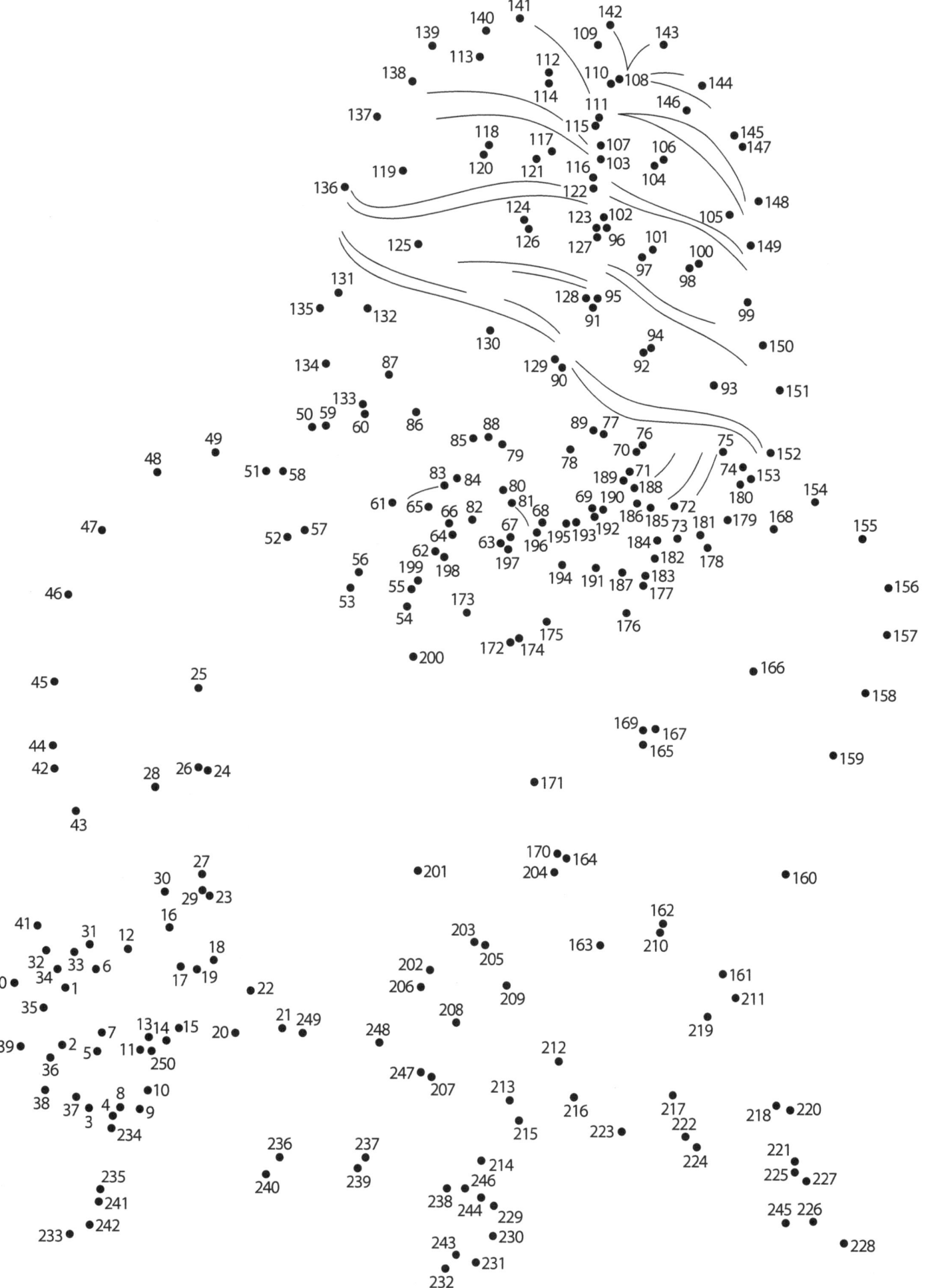

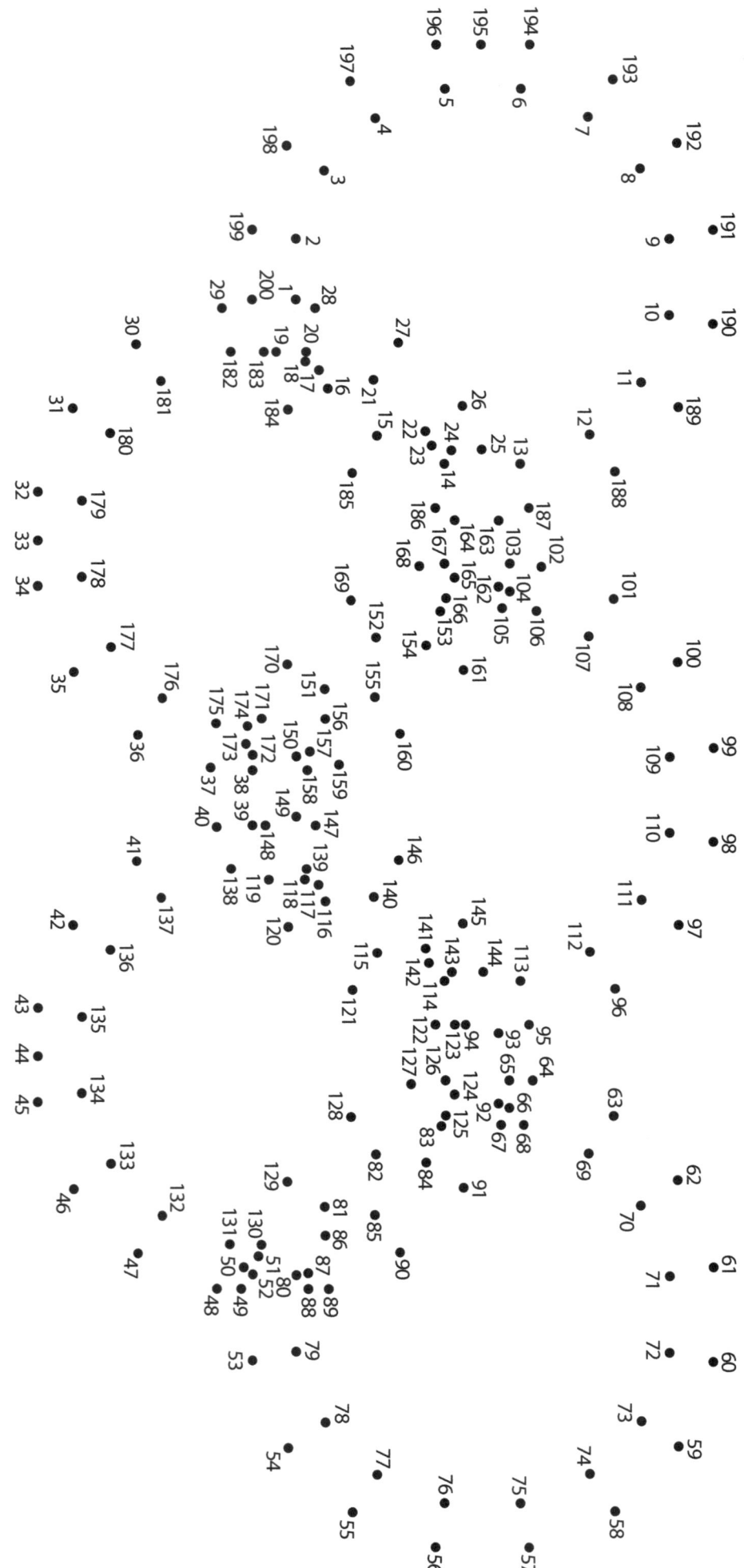

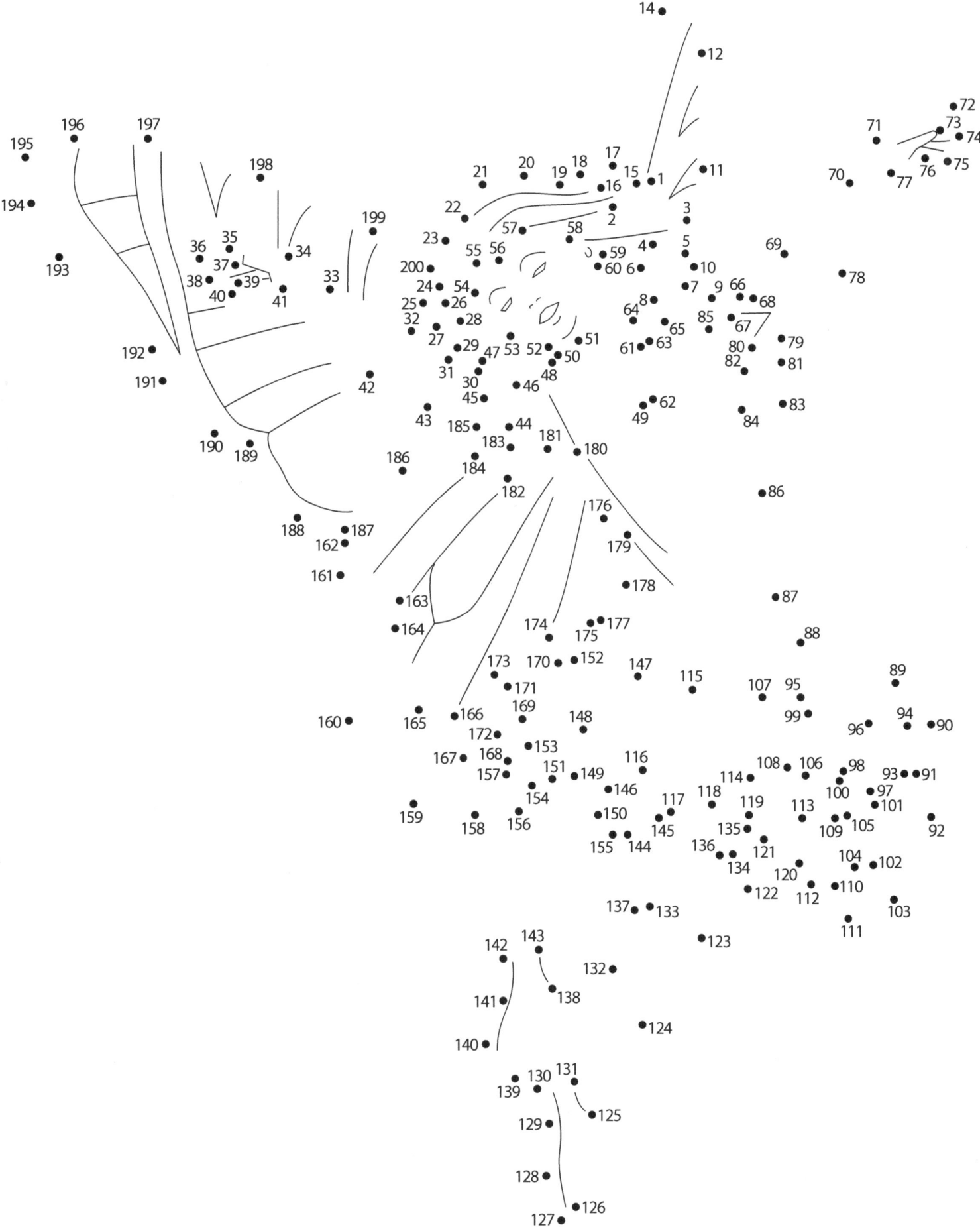

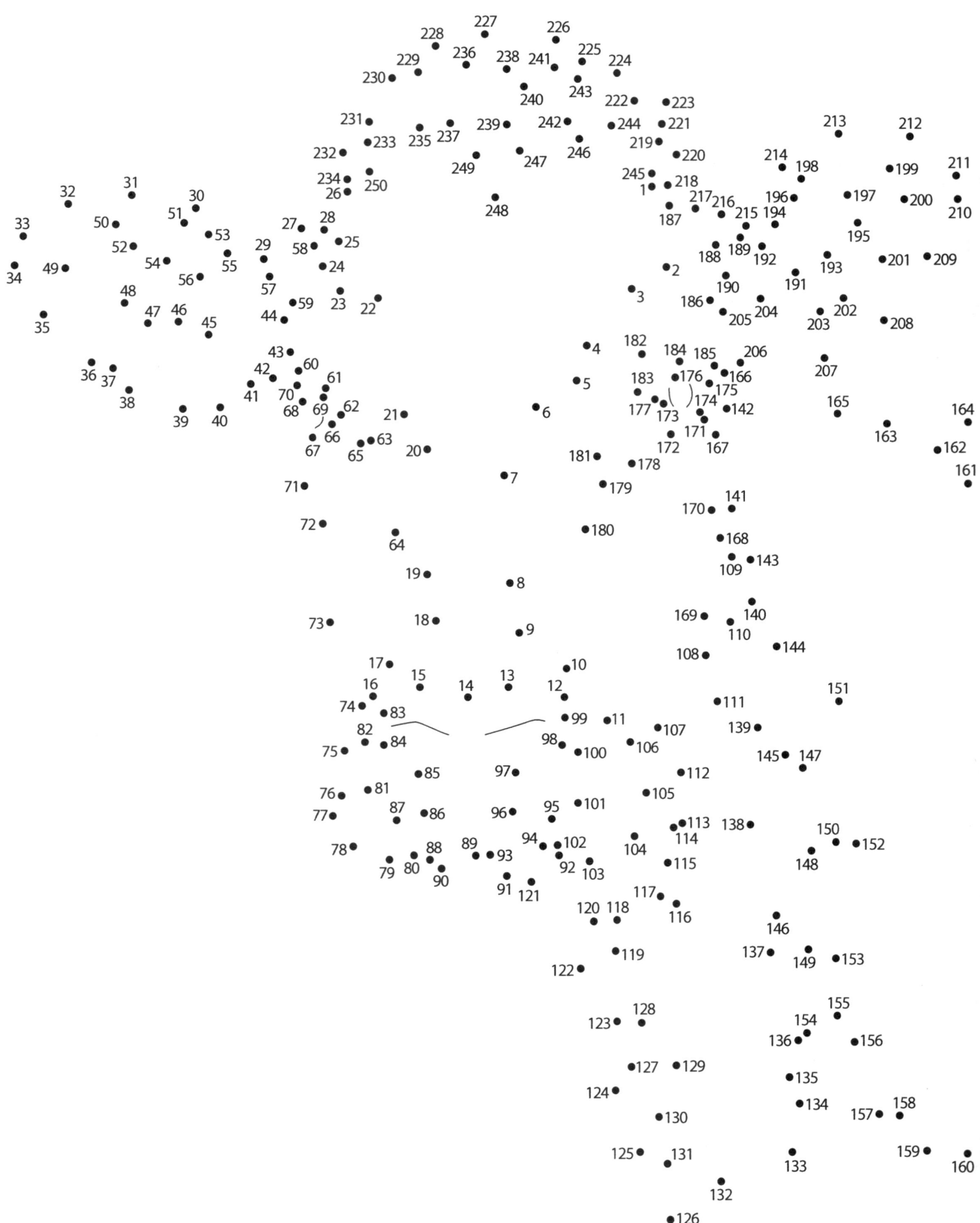

22

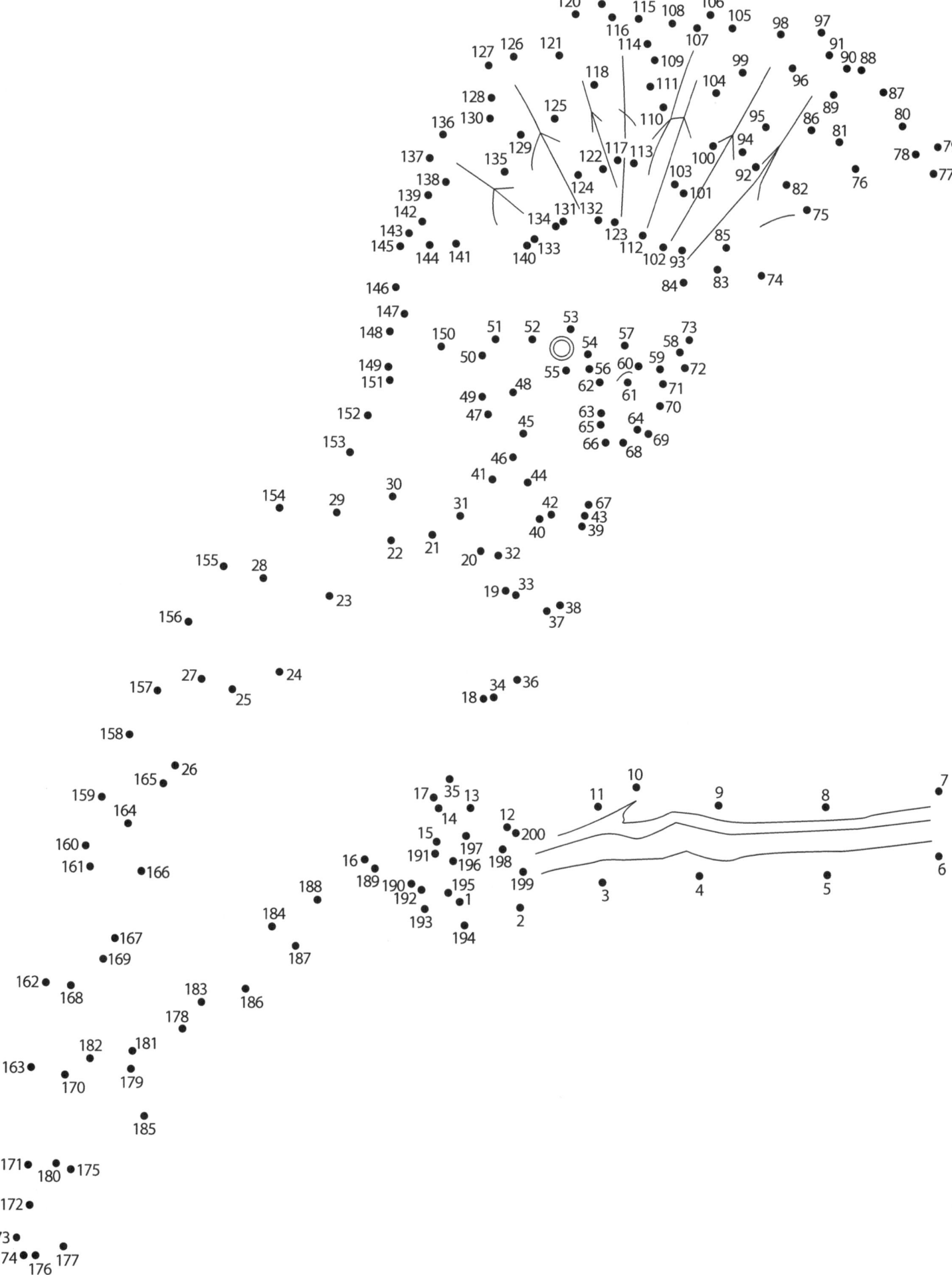

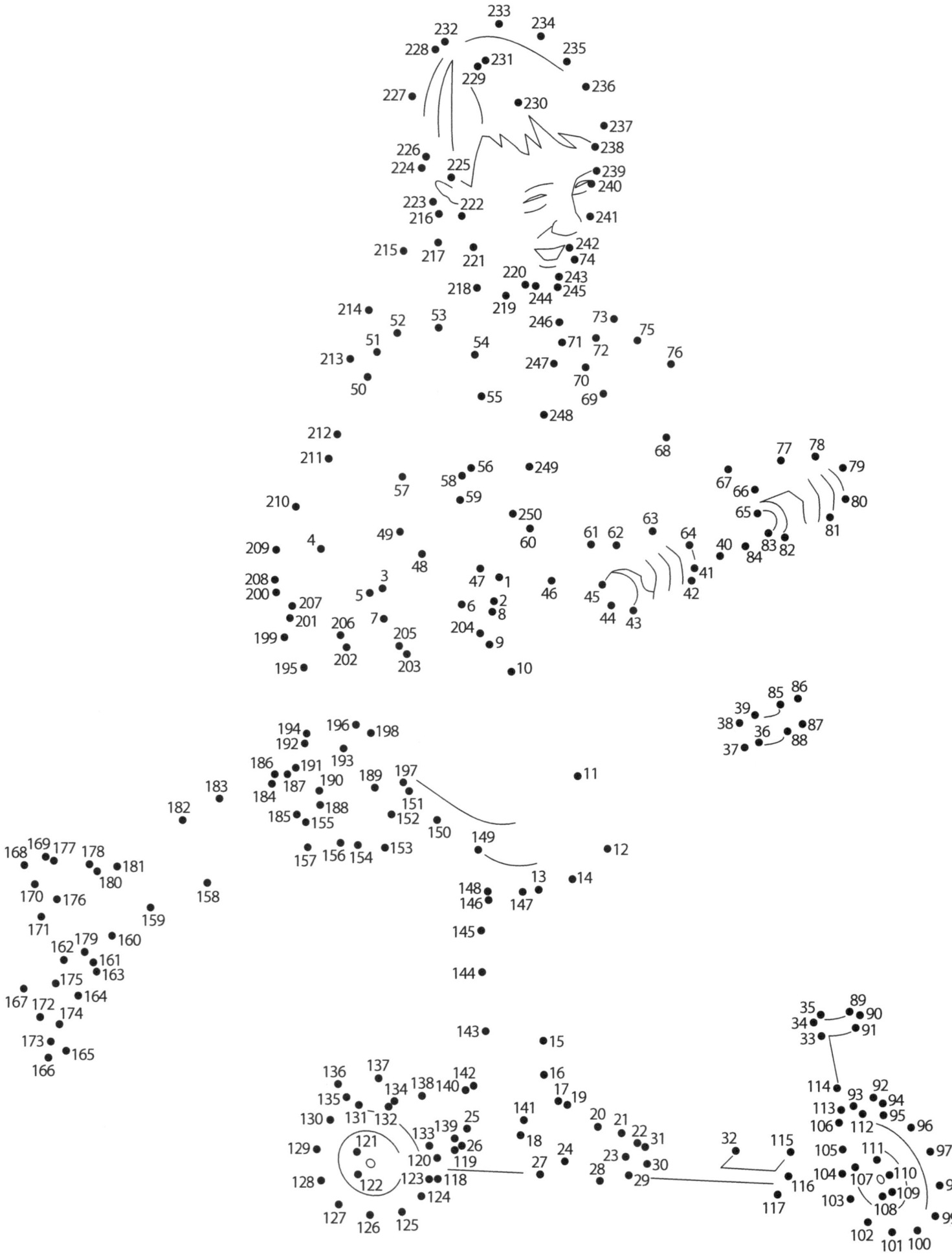

24

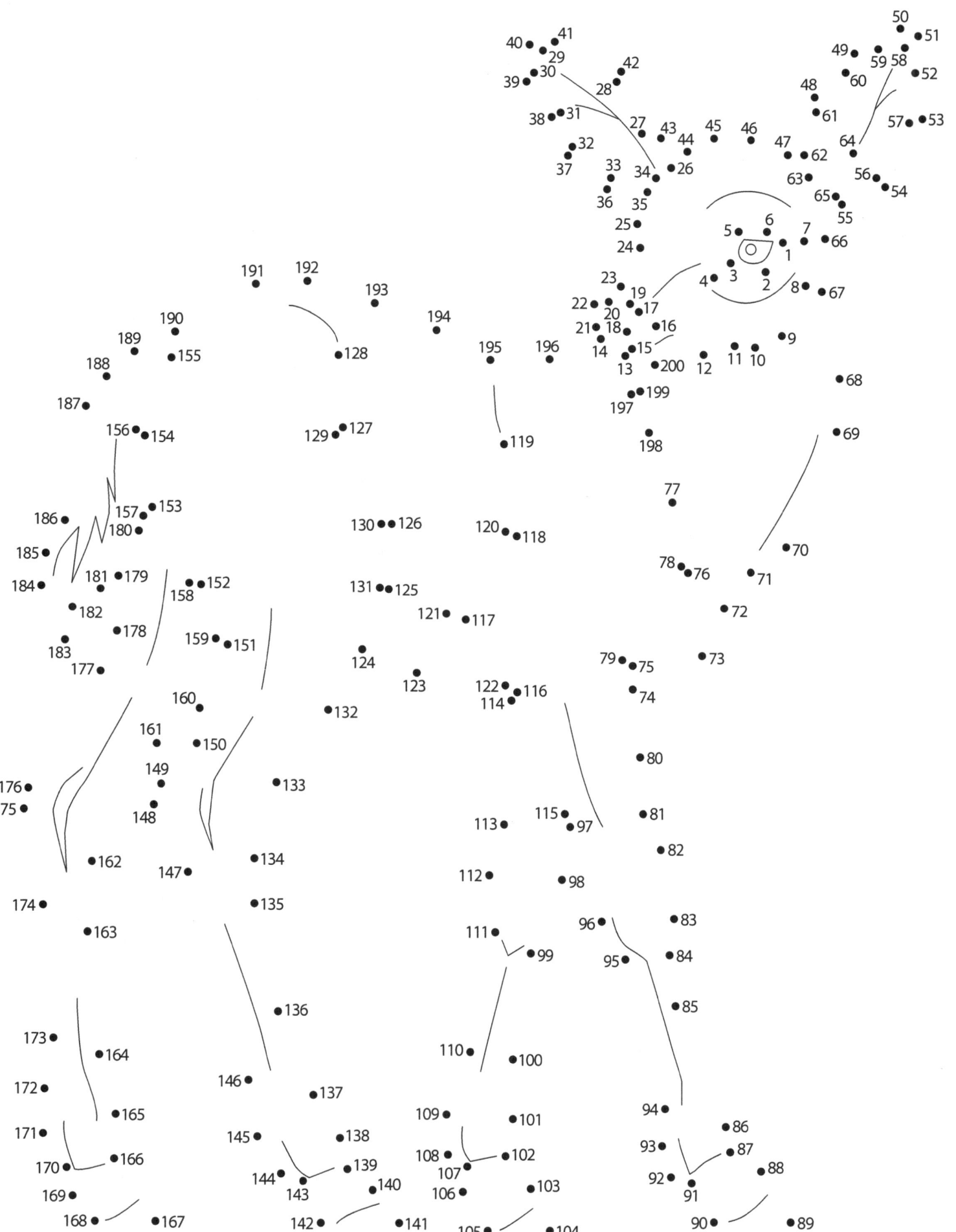

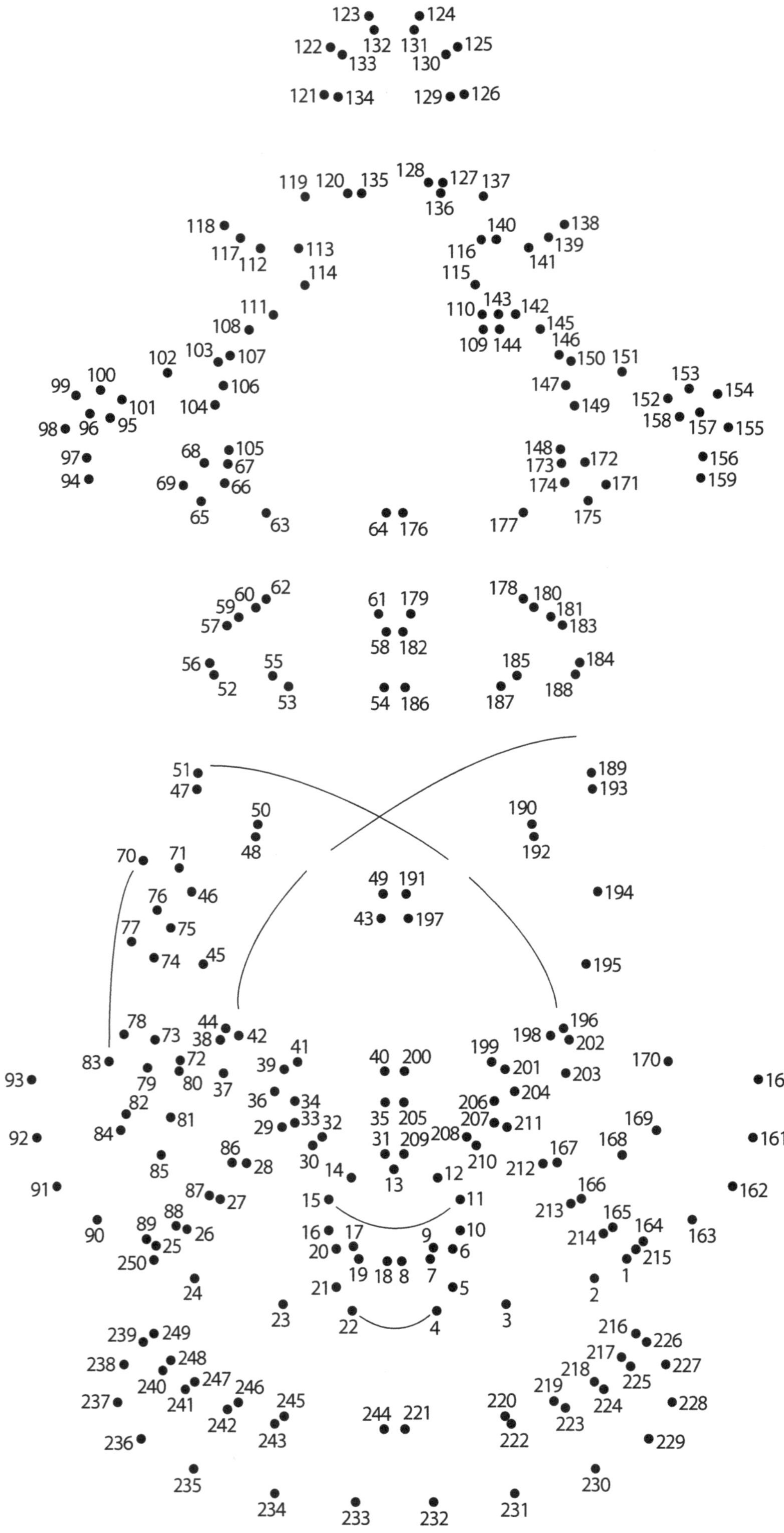

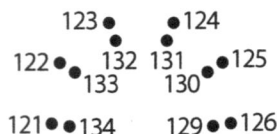

26

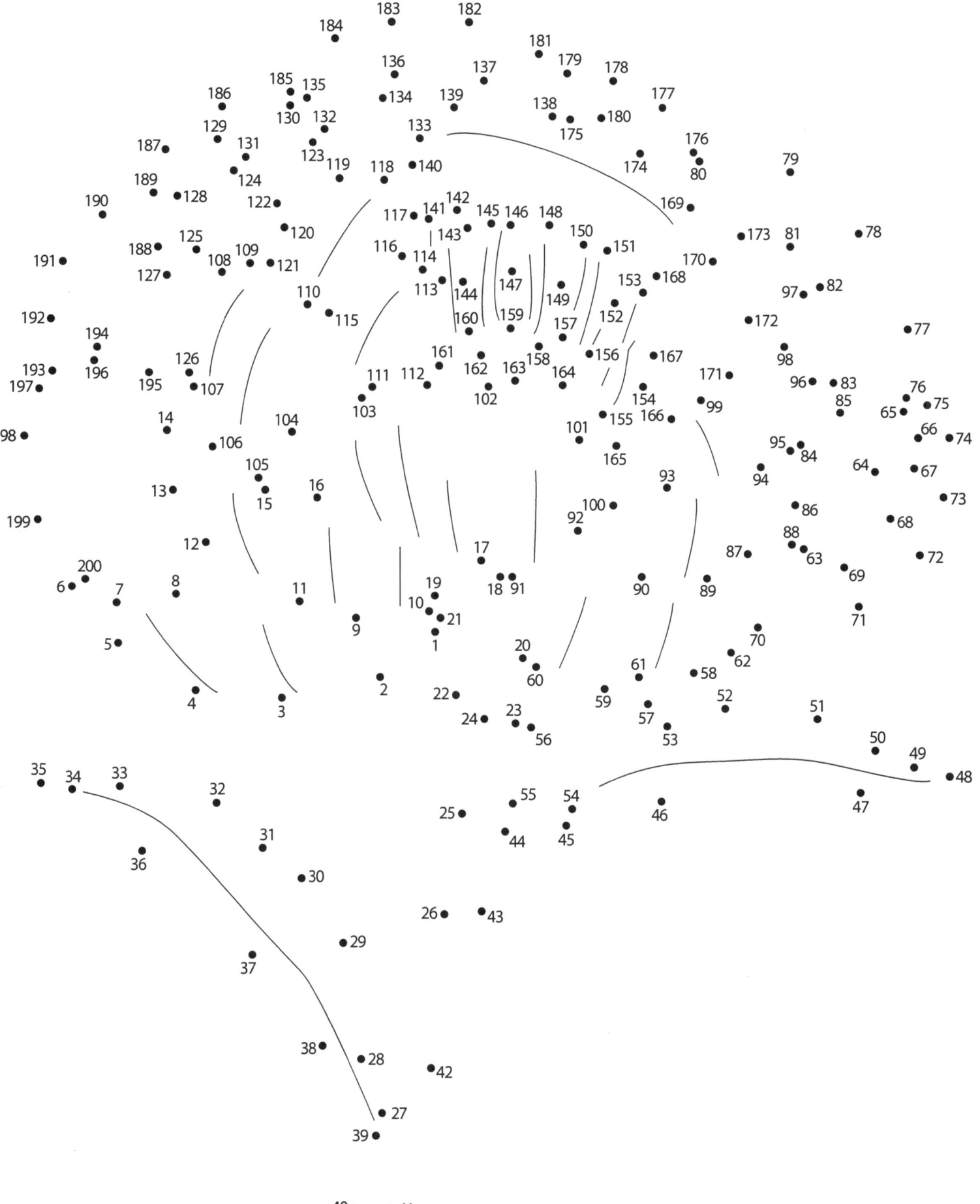

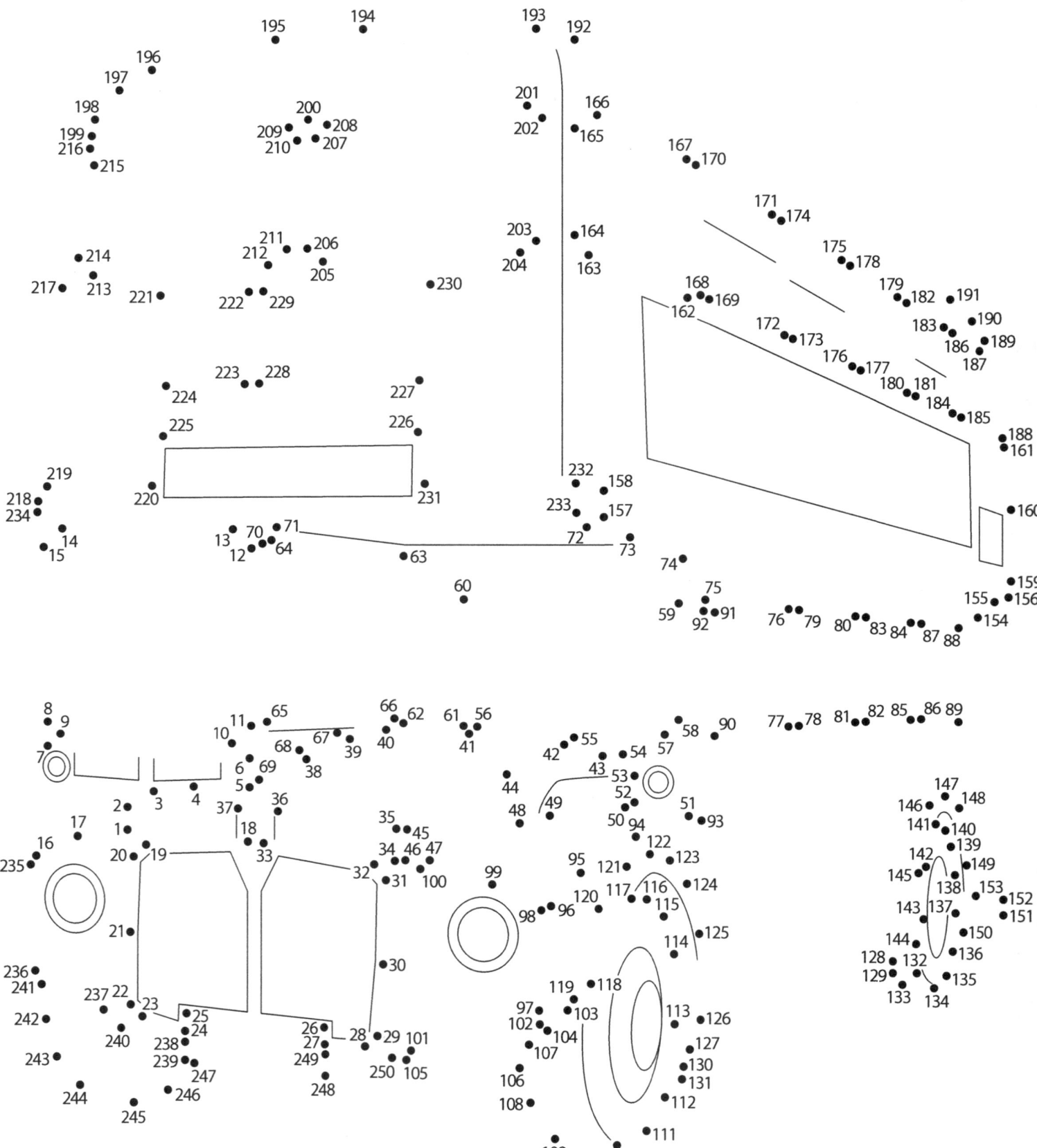

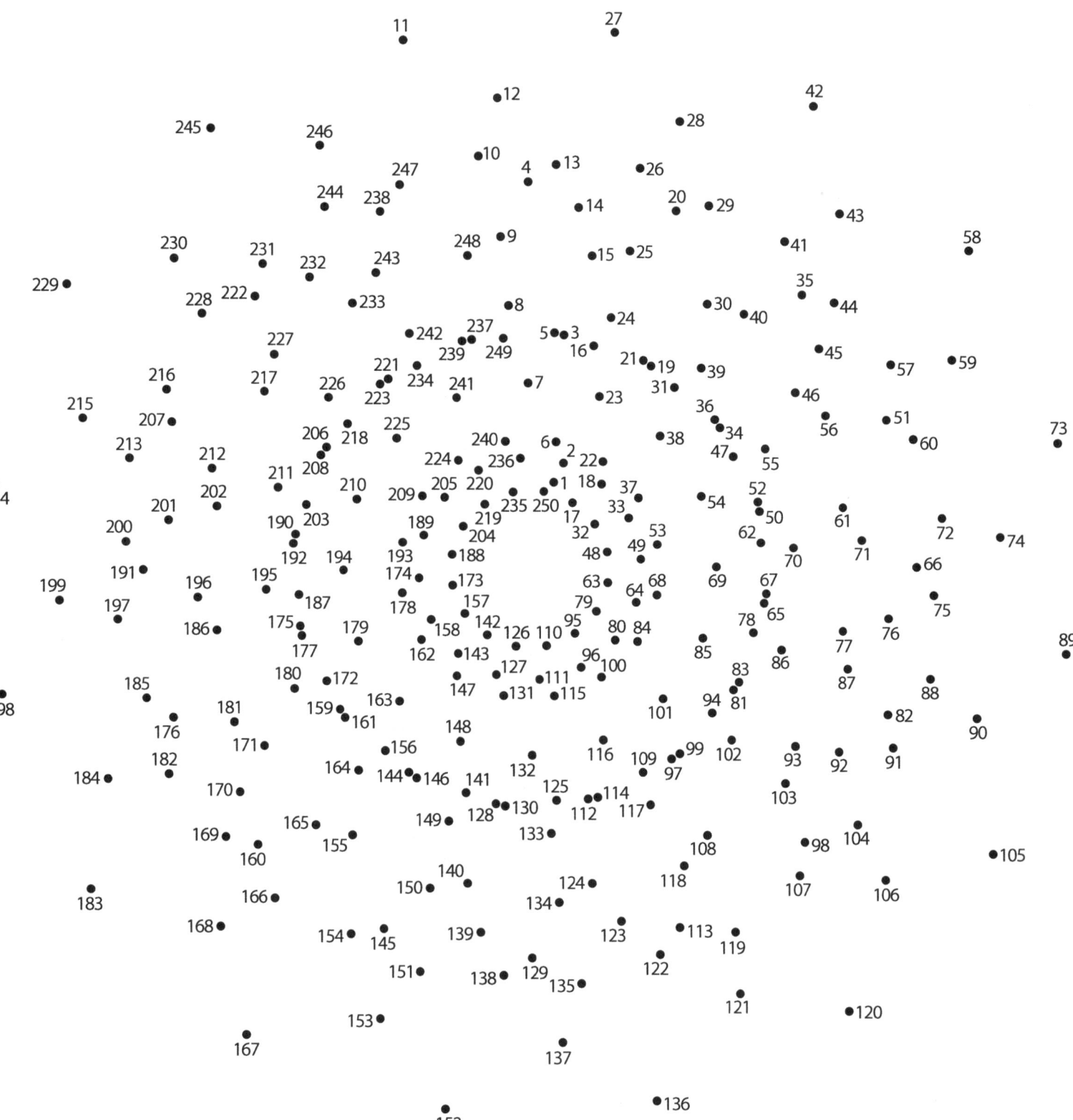

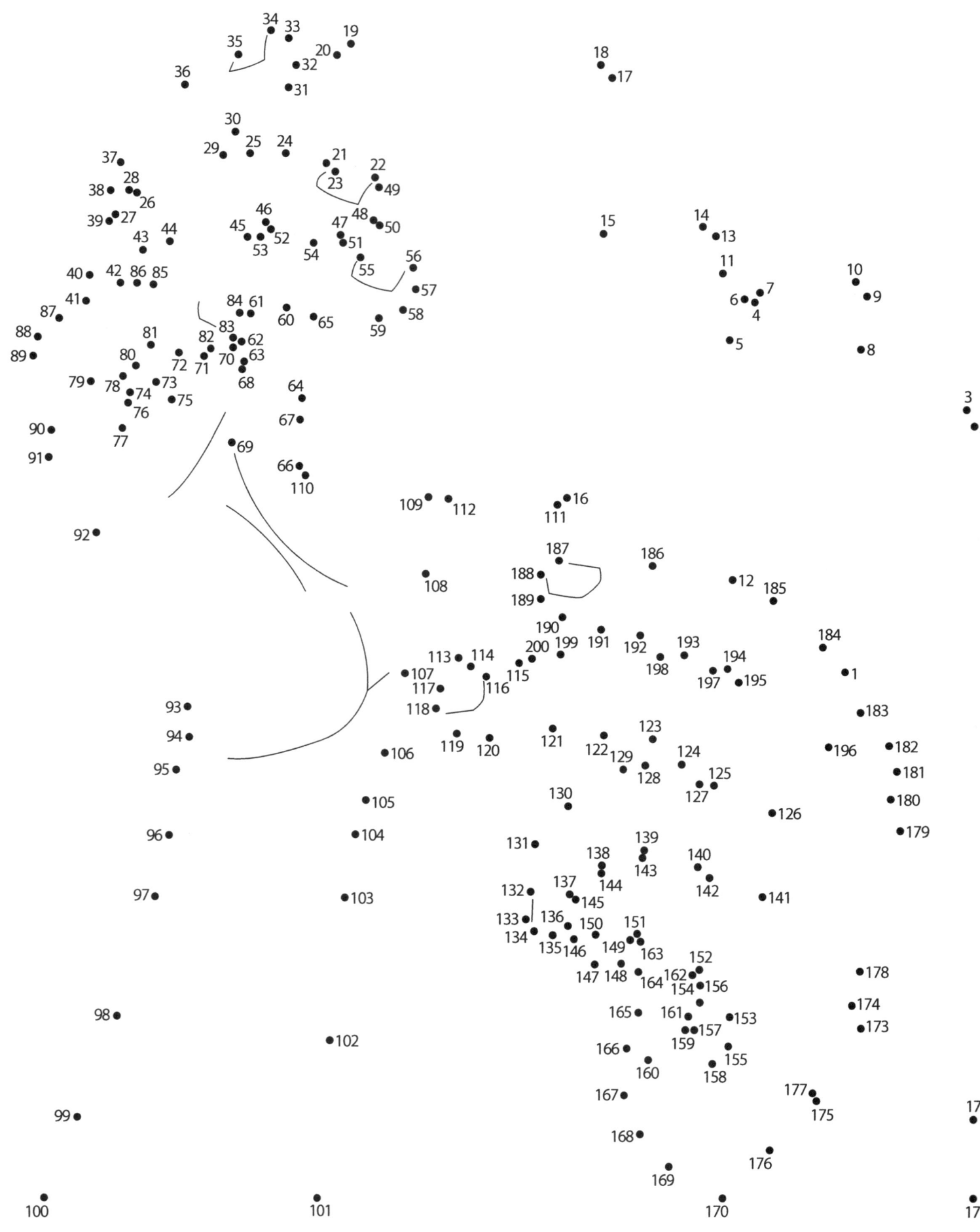

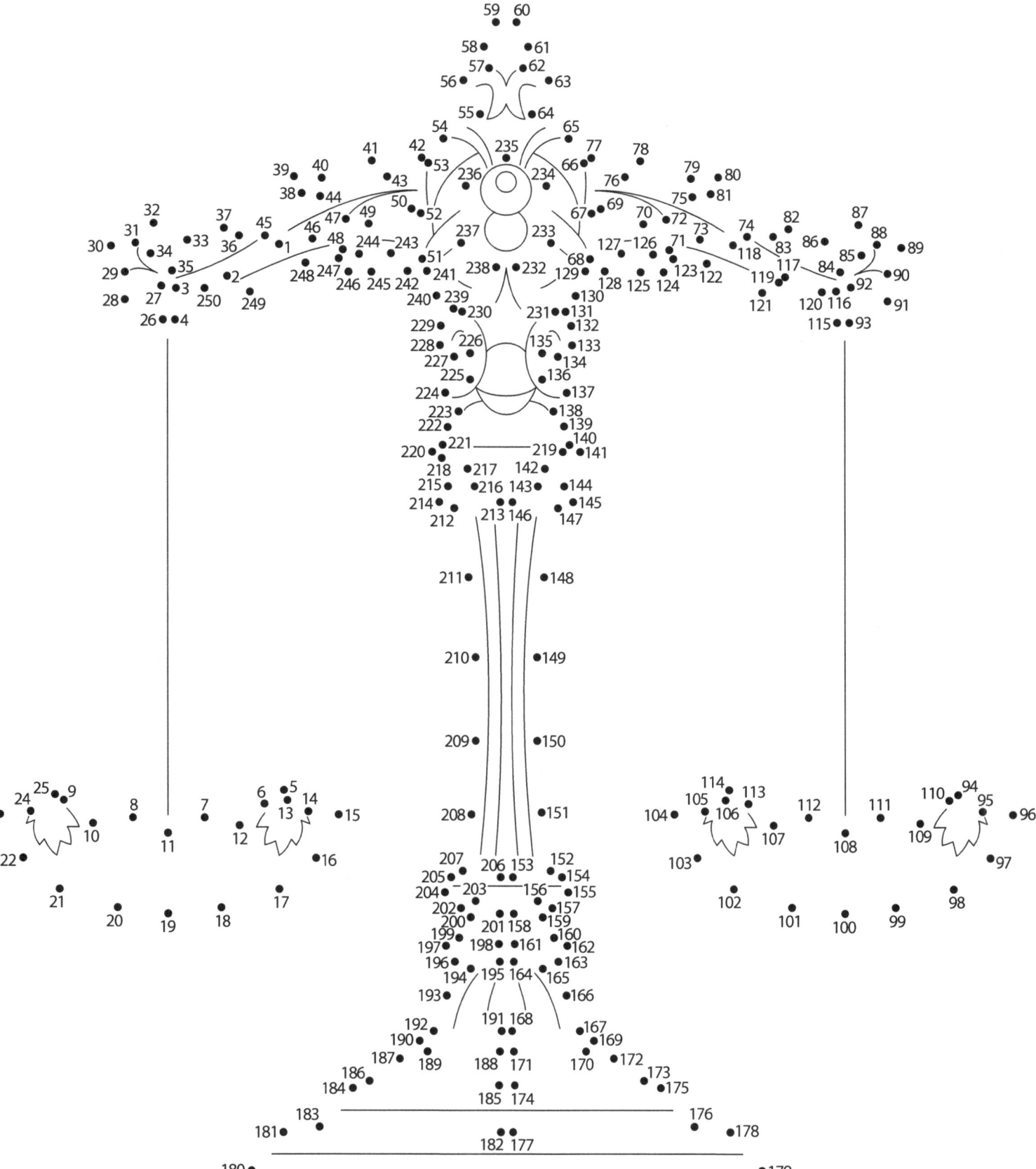

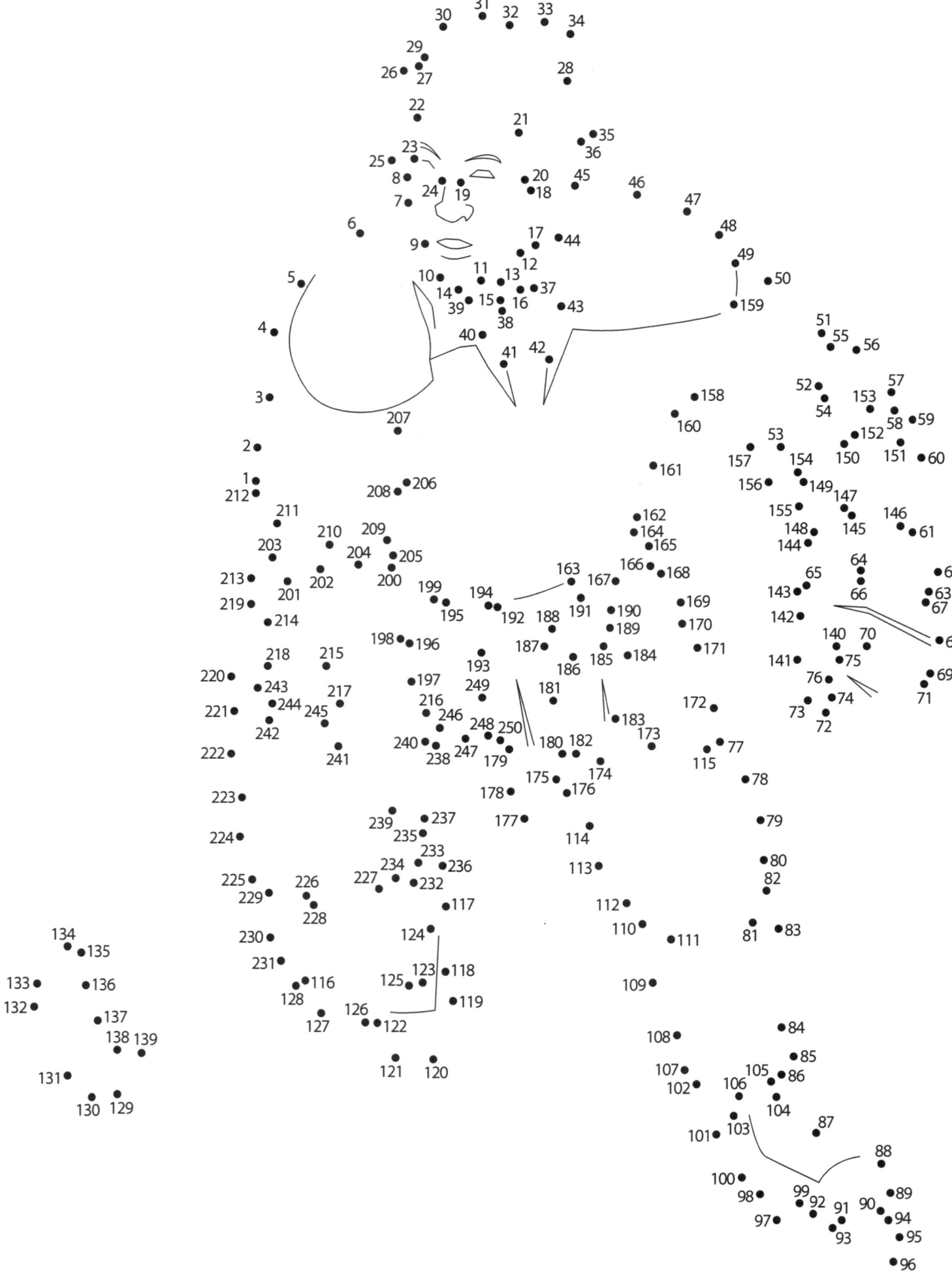

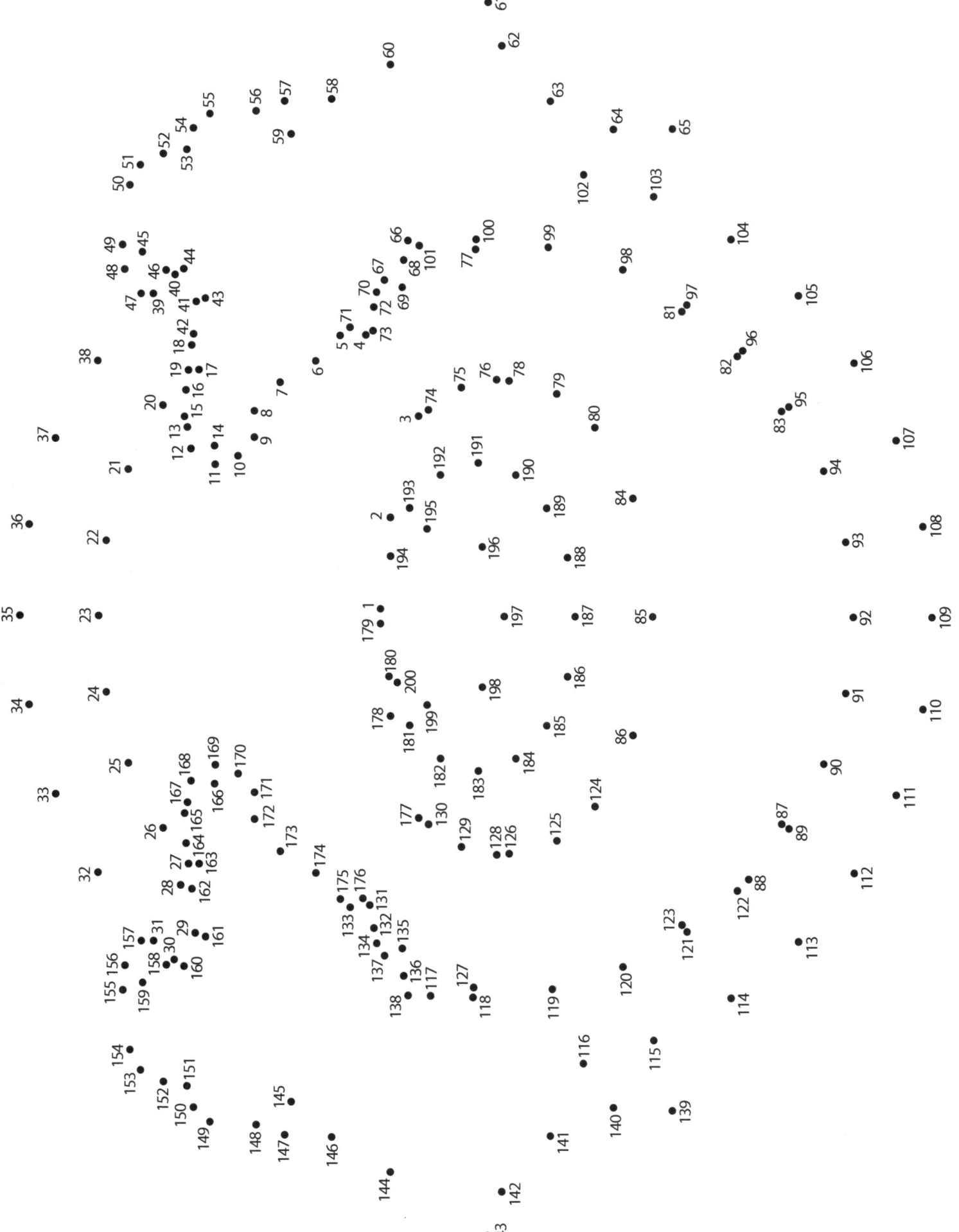

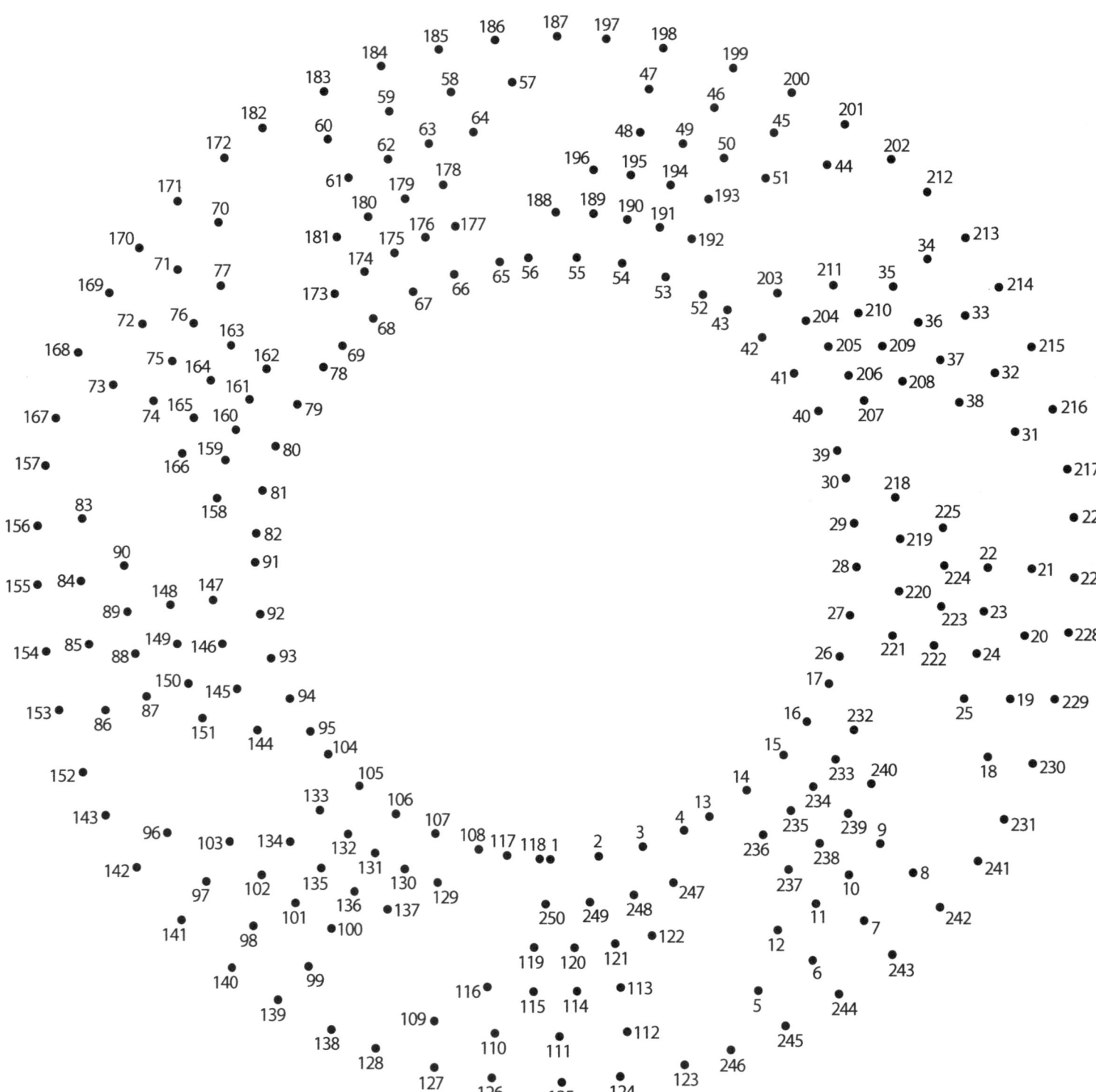

34

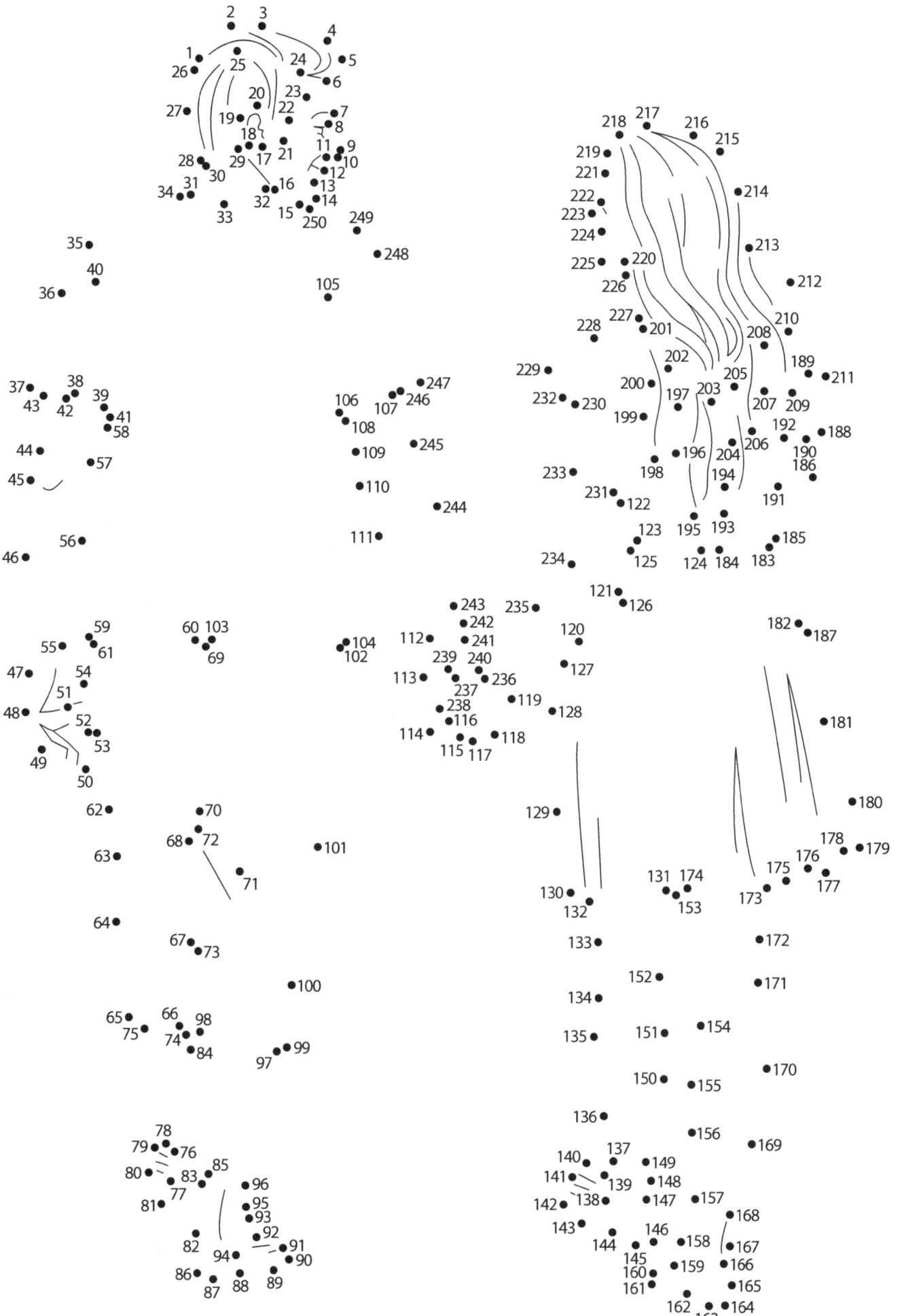

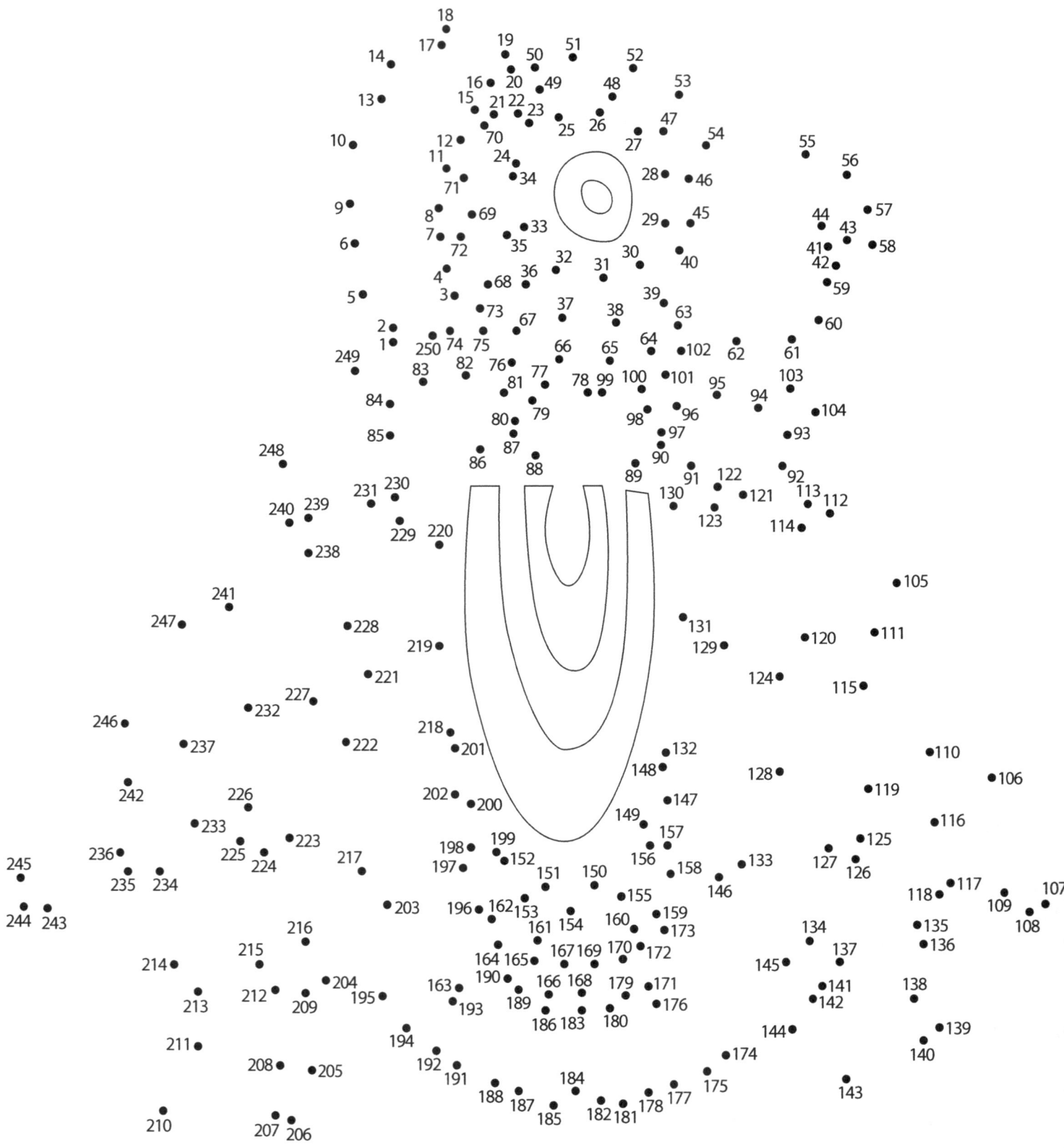

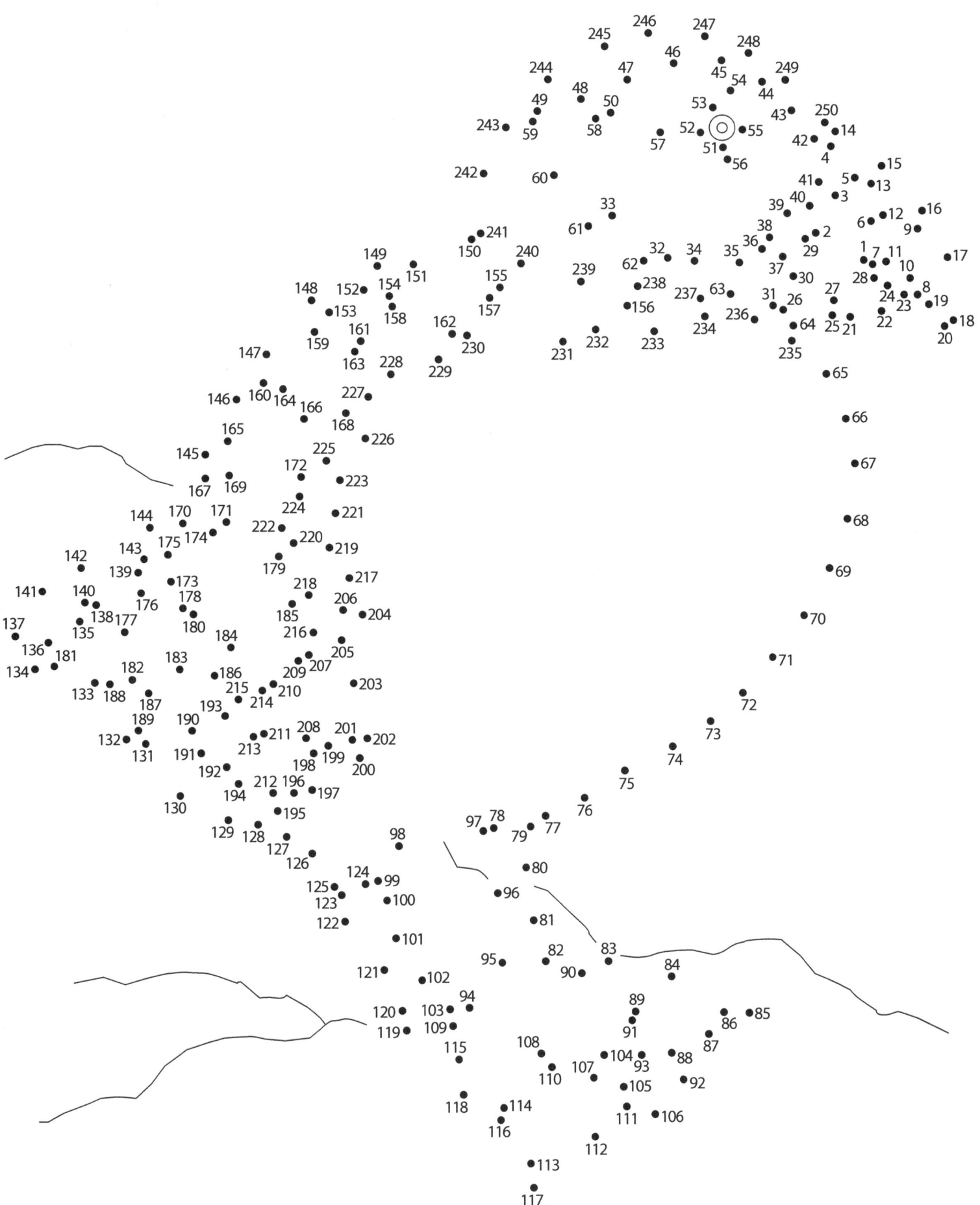

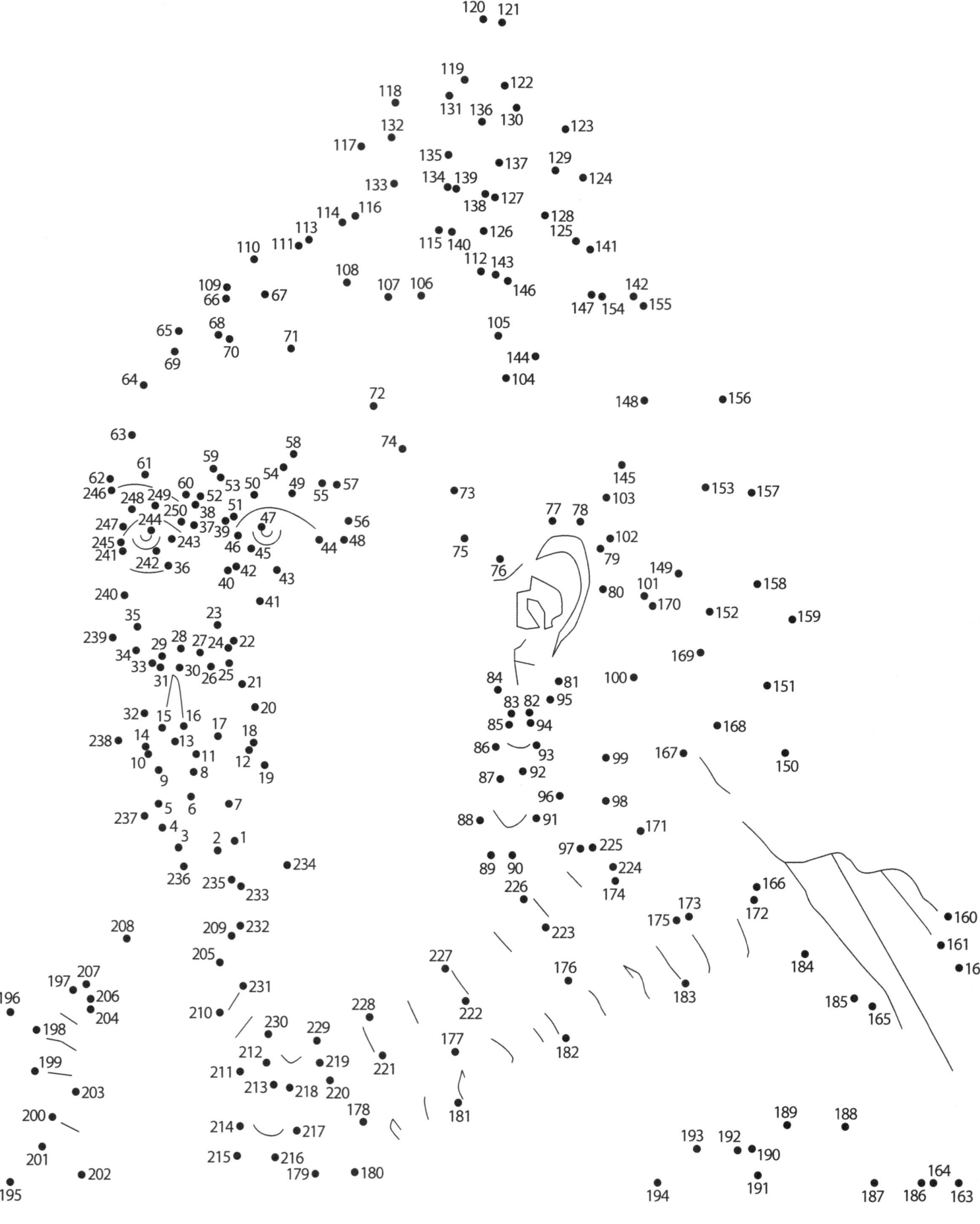

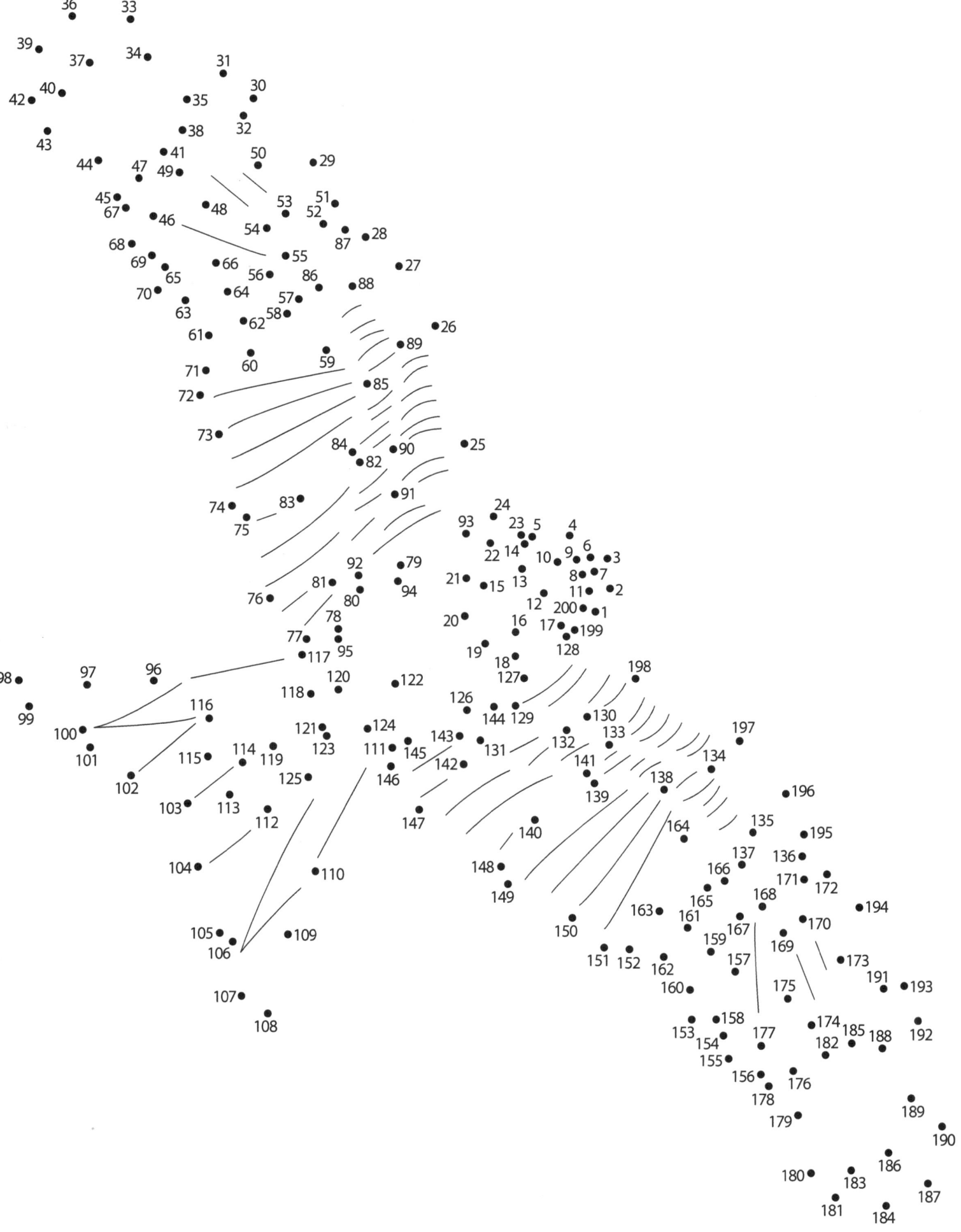

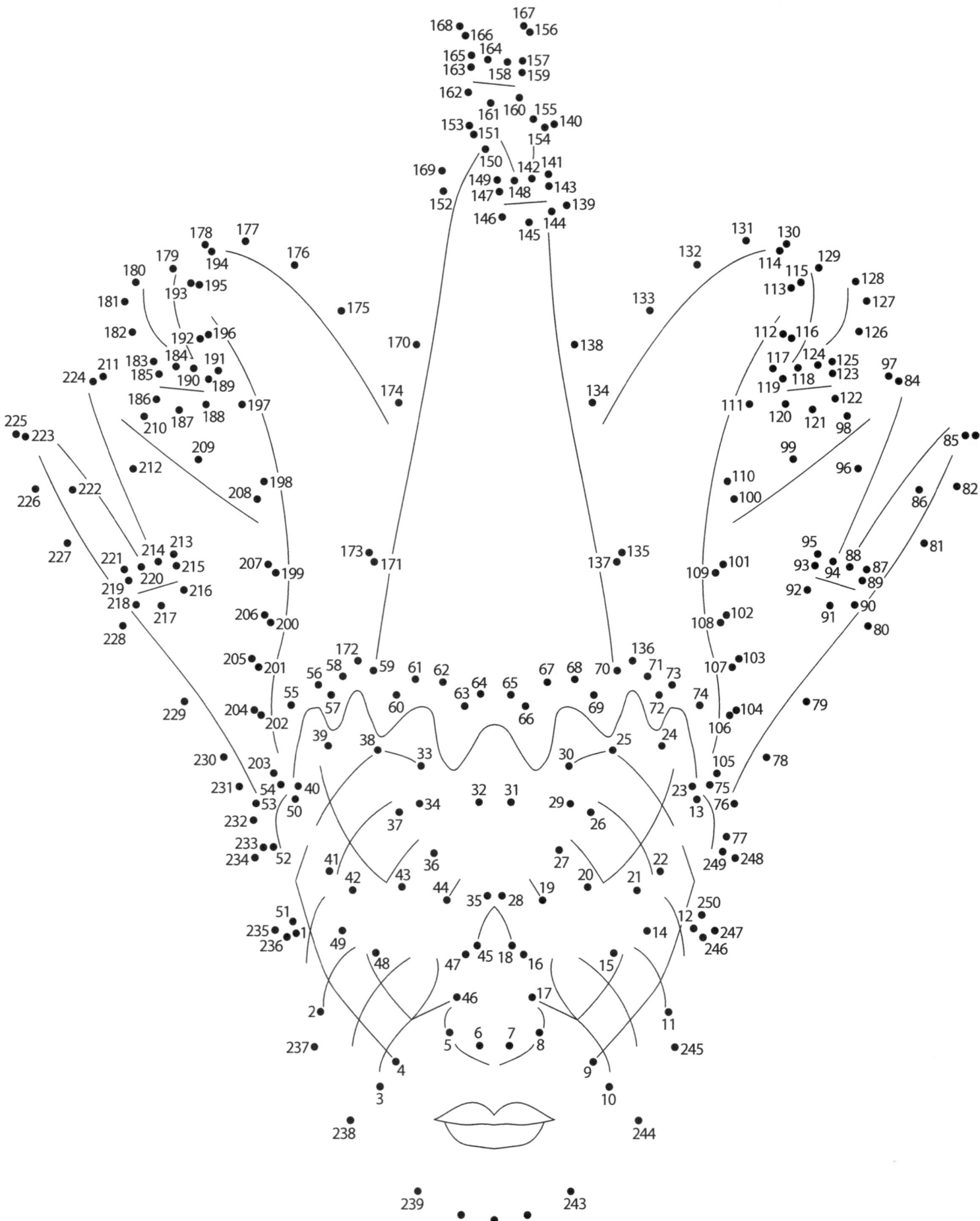

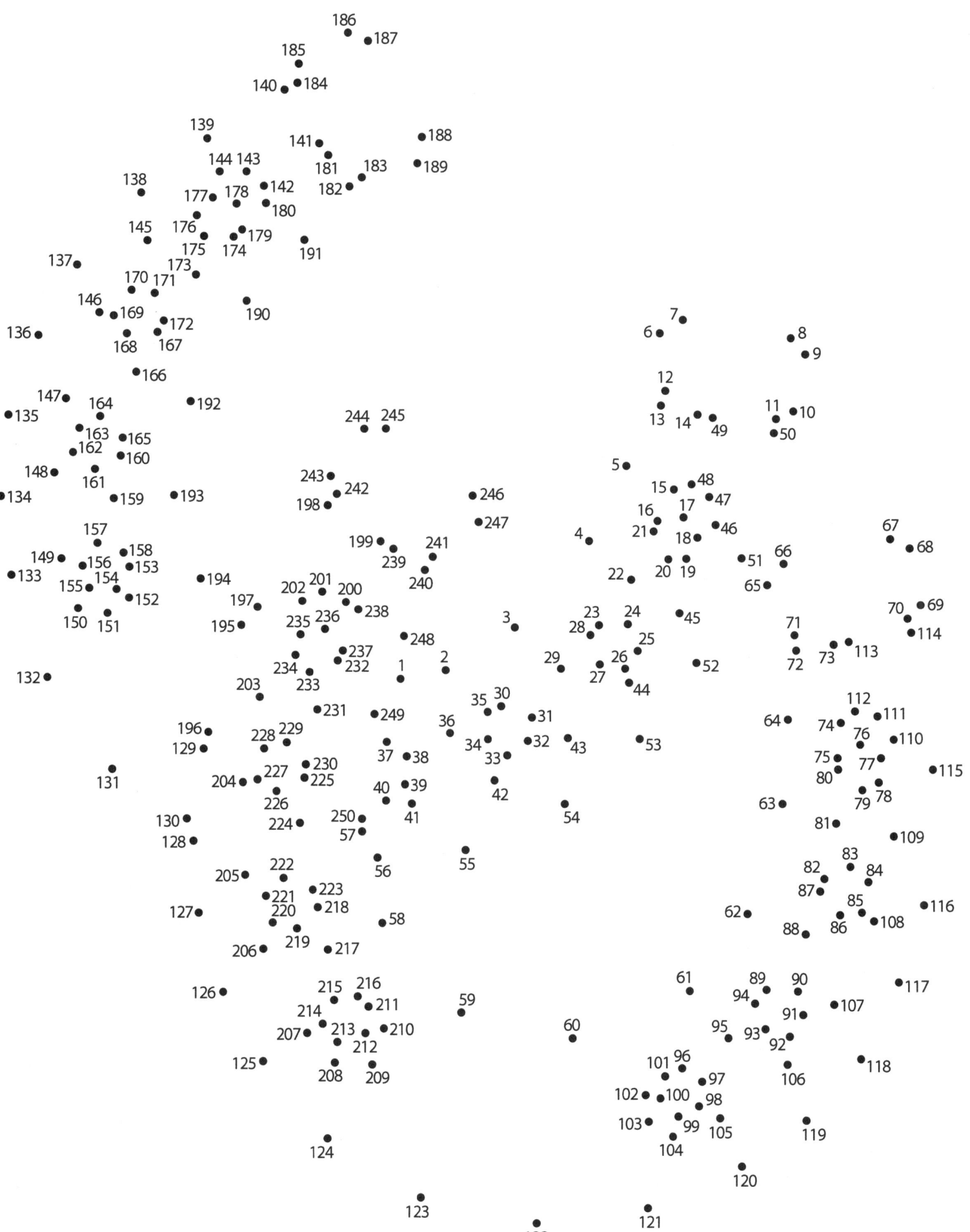

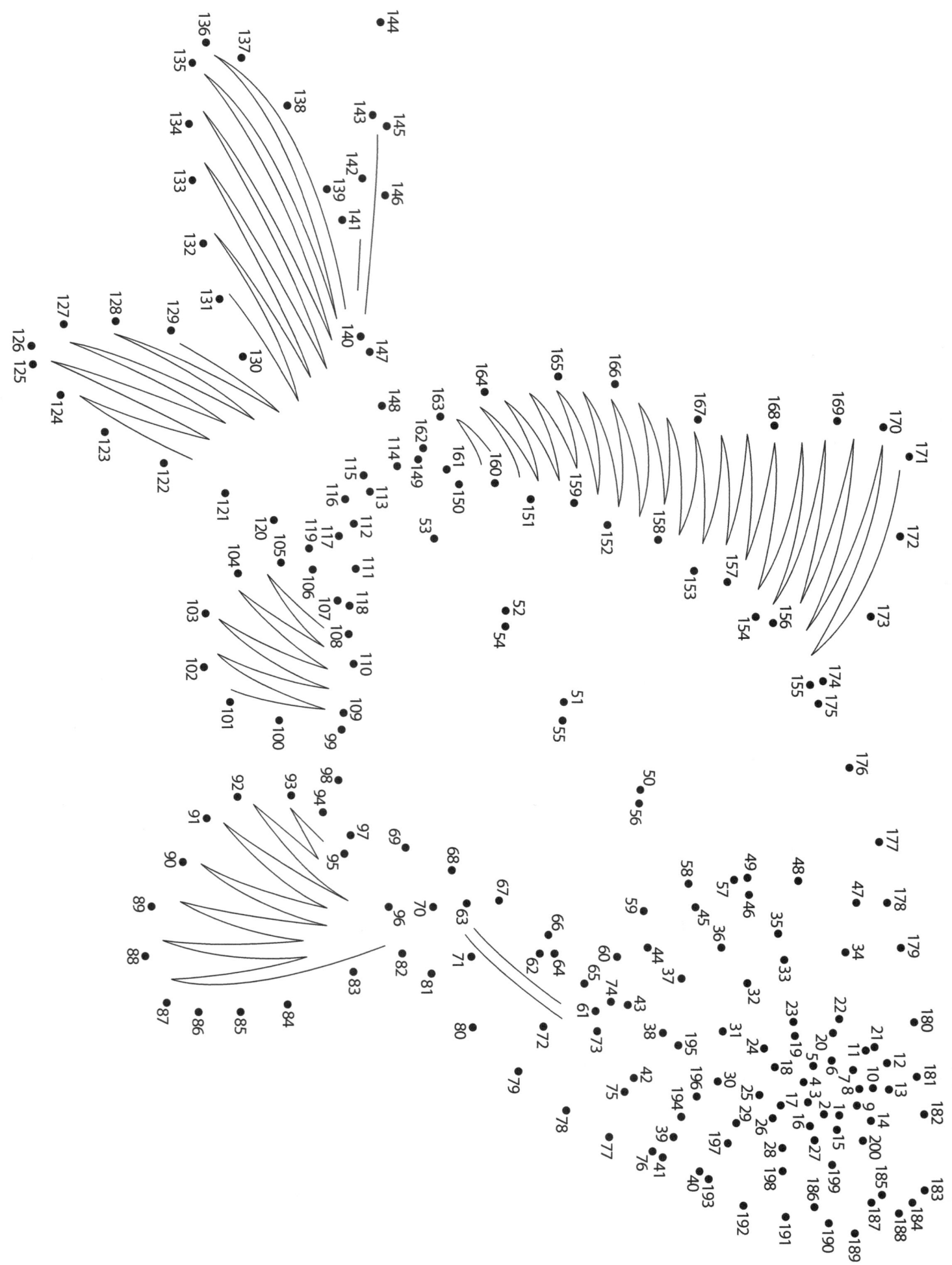

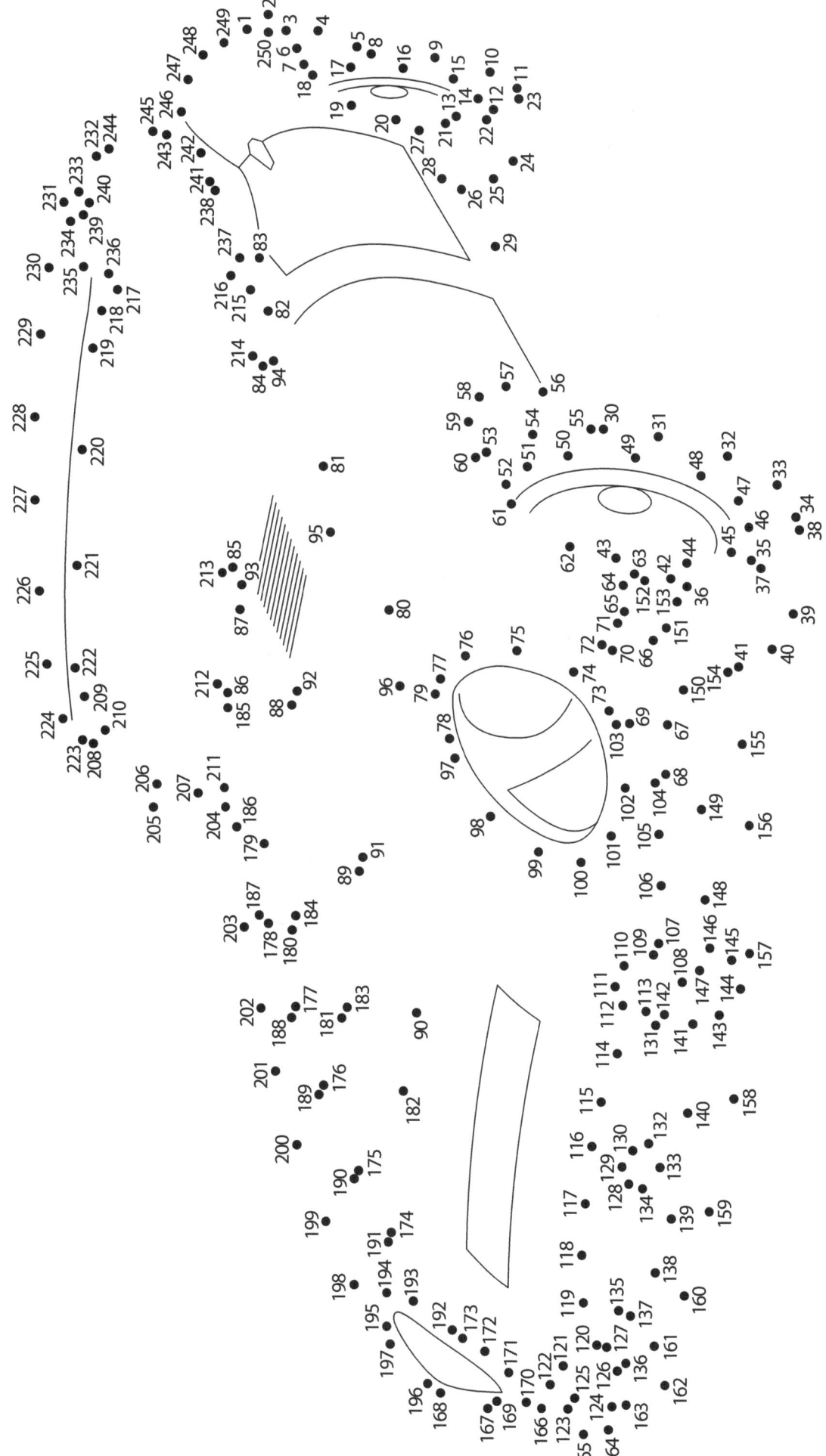

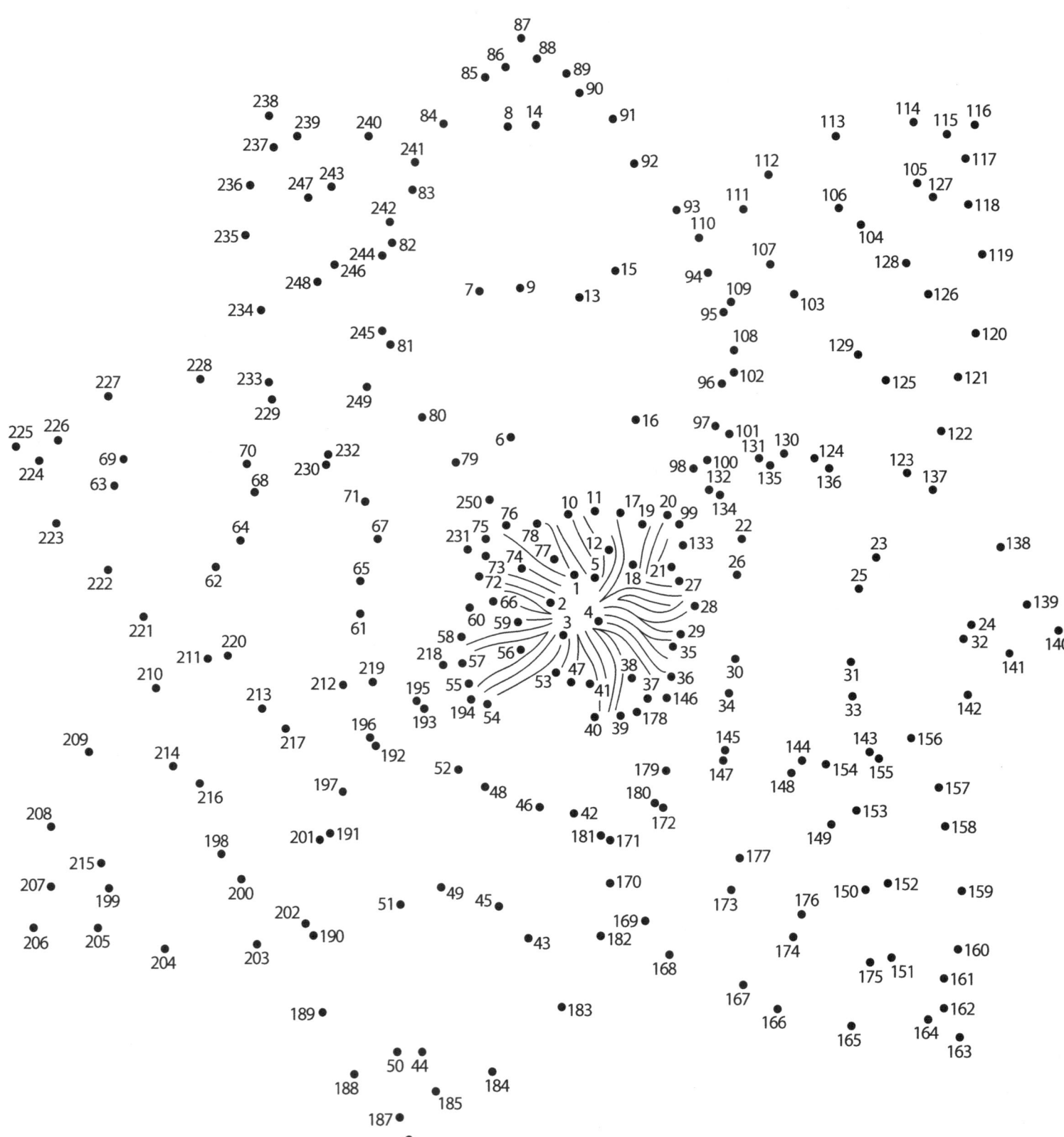

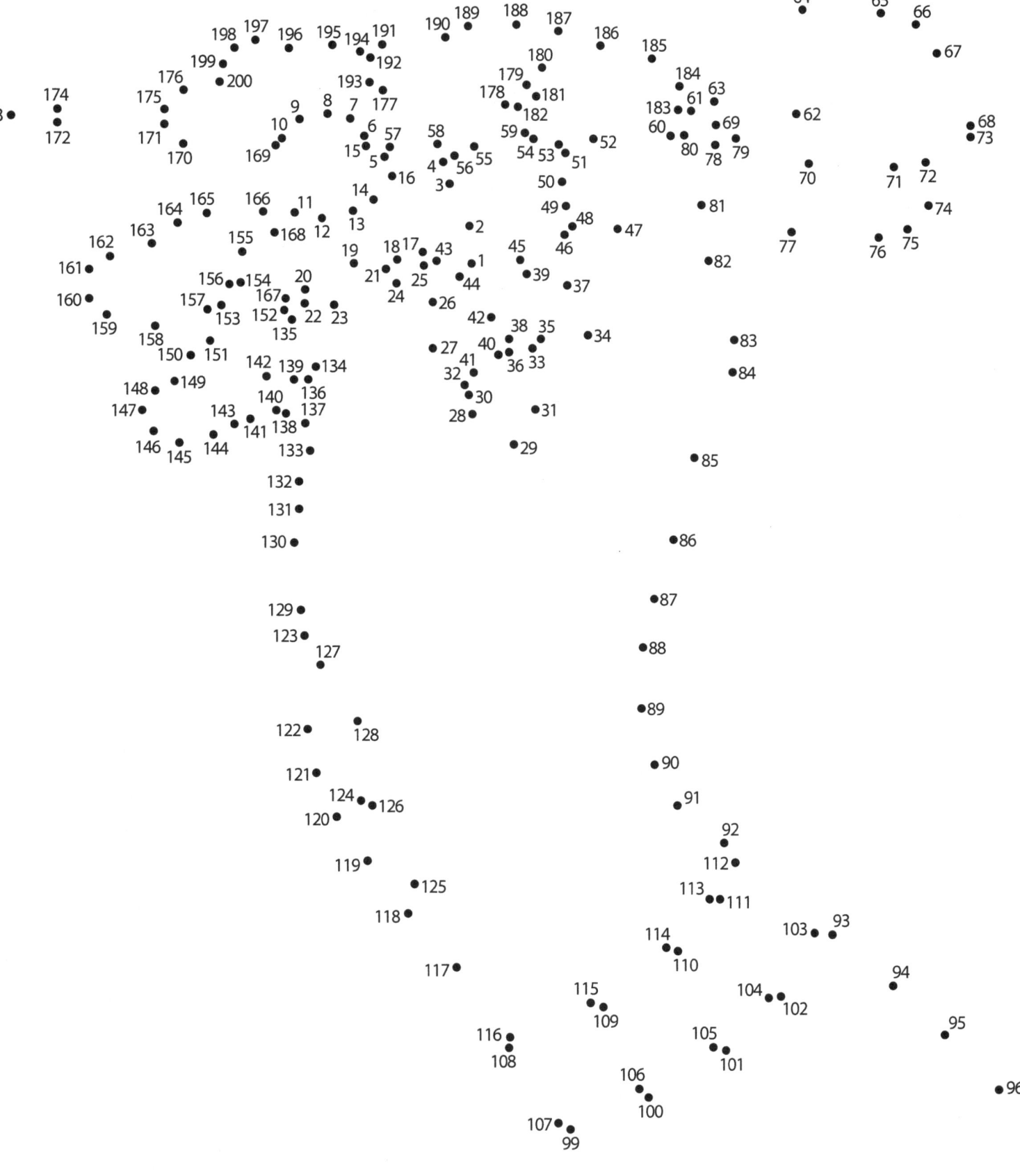

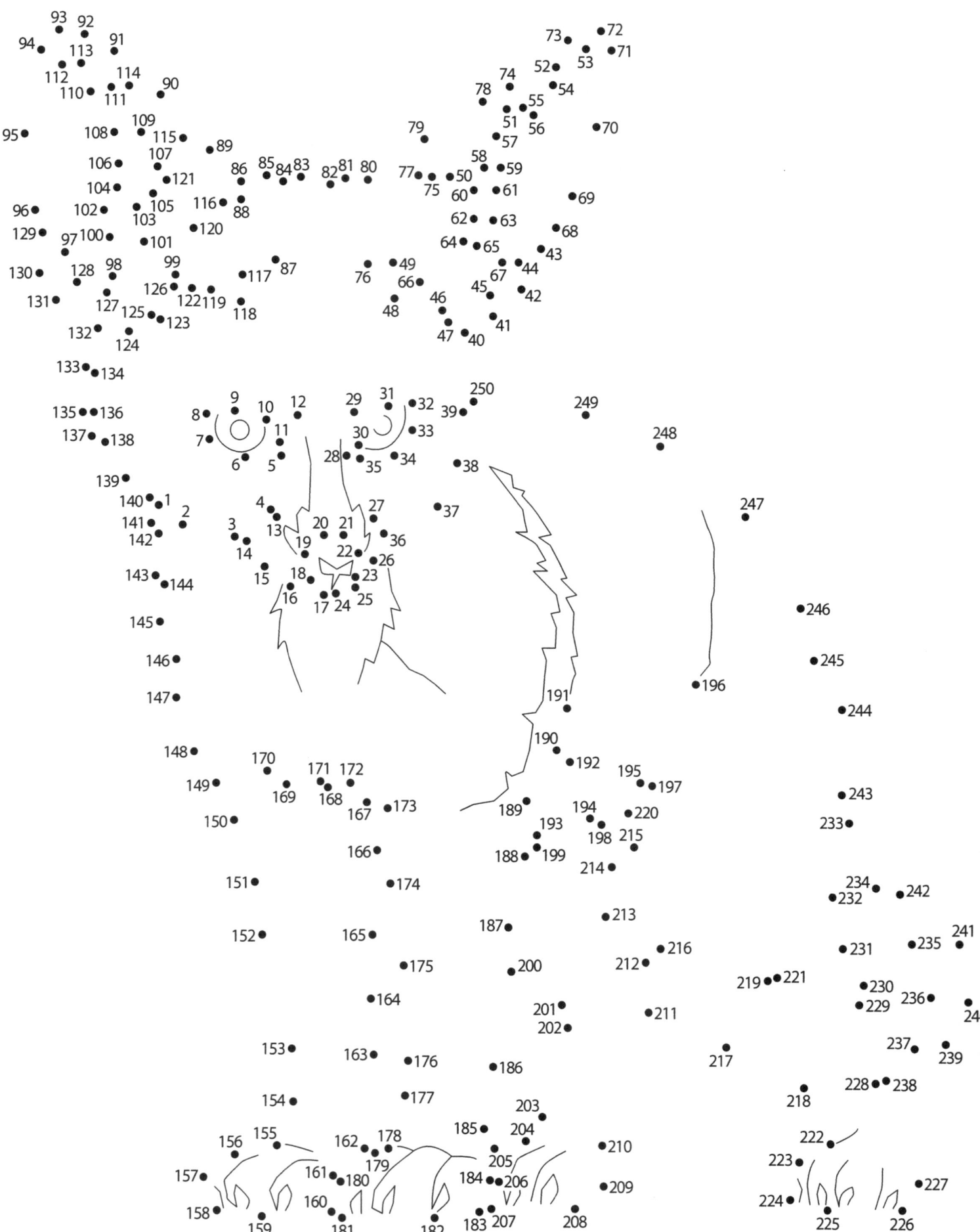

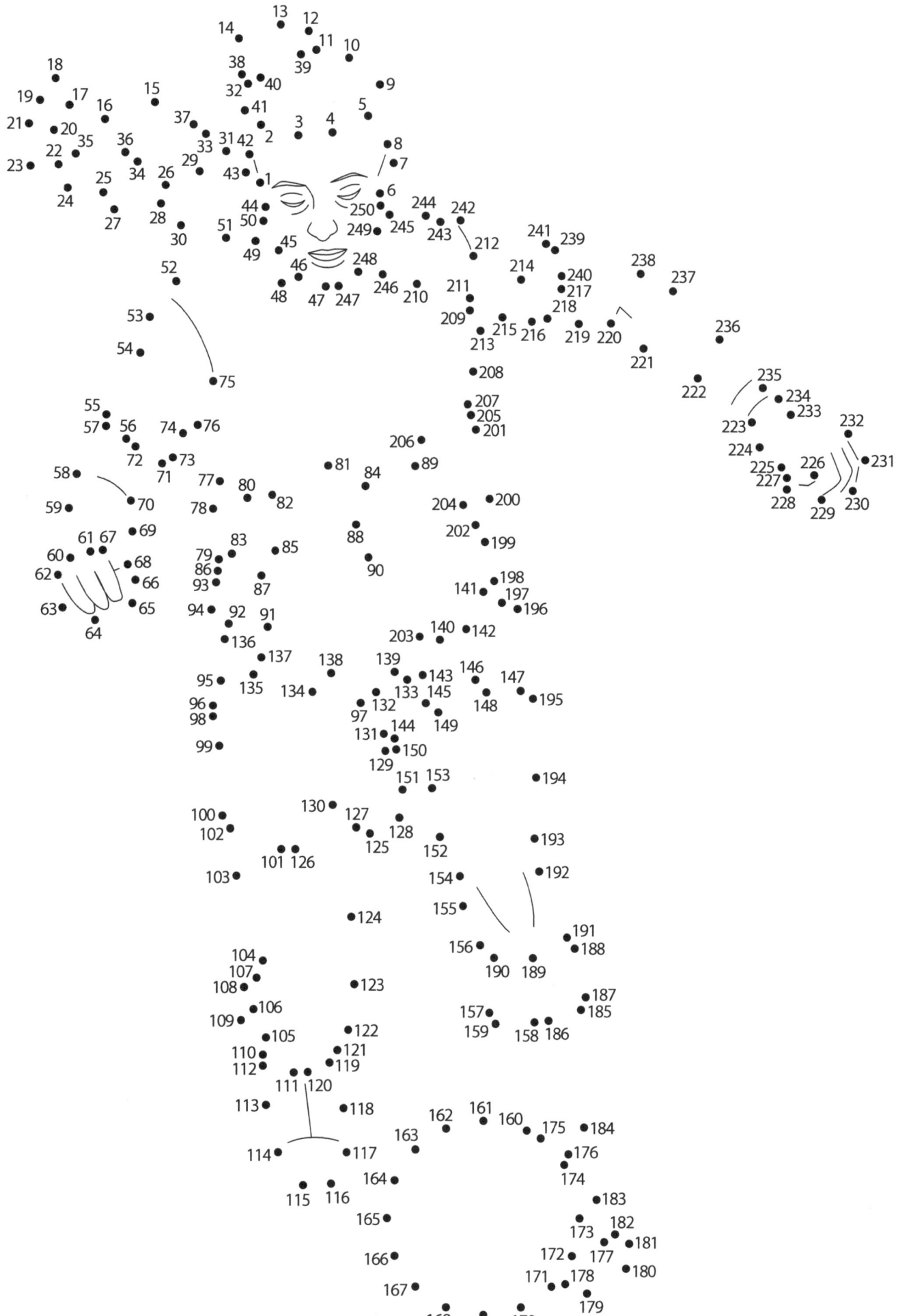

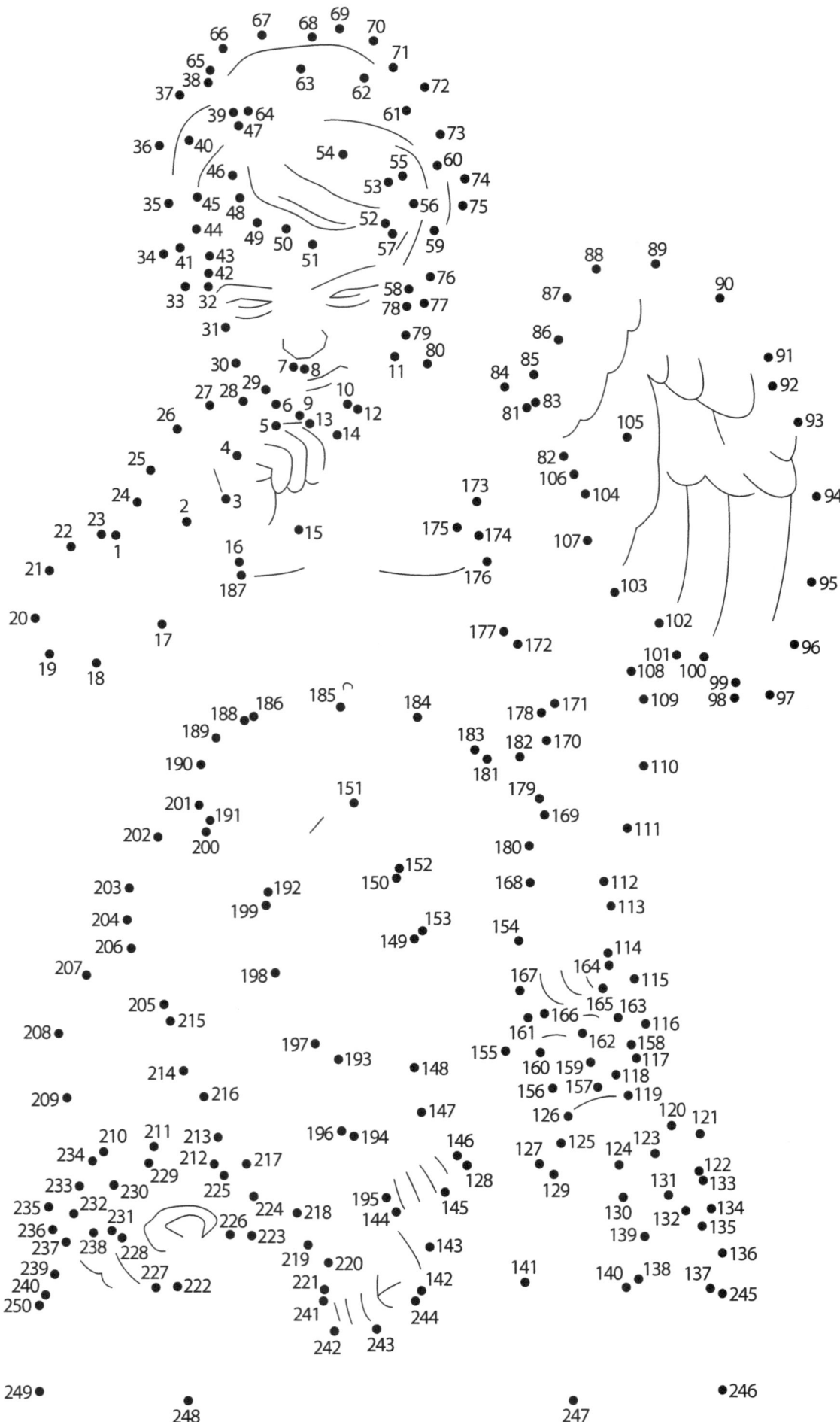

48

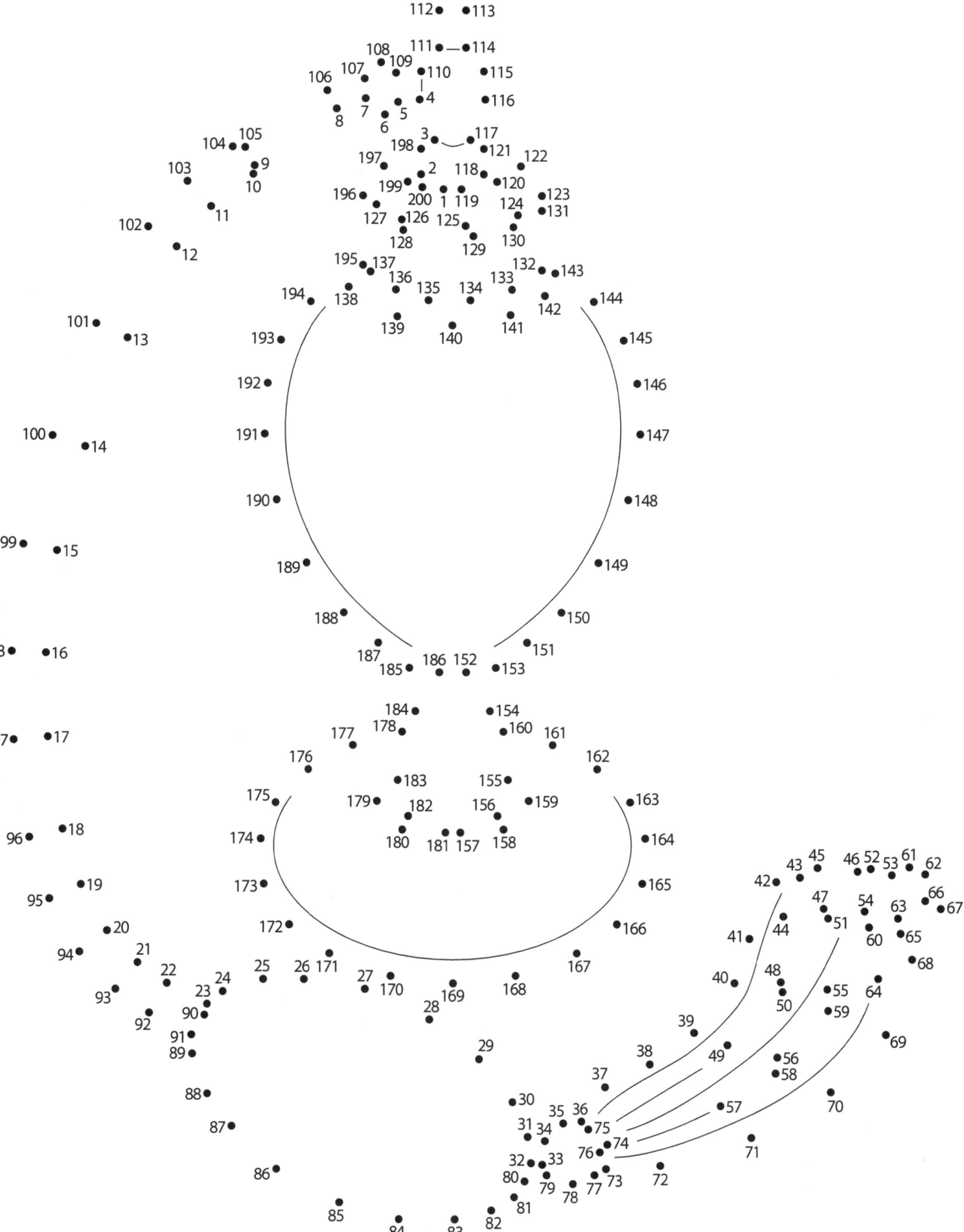

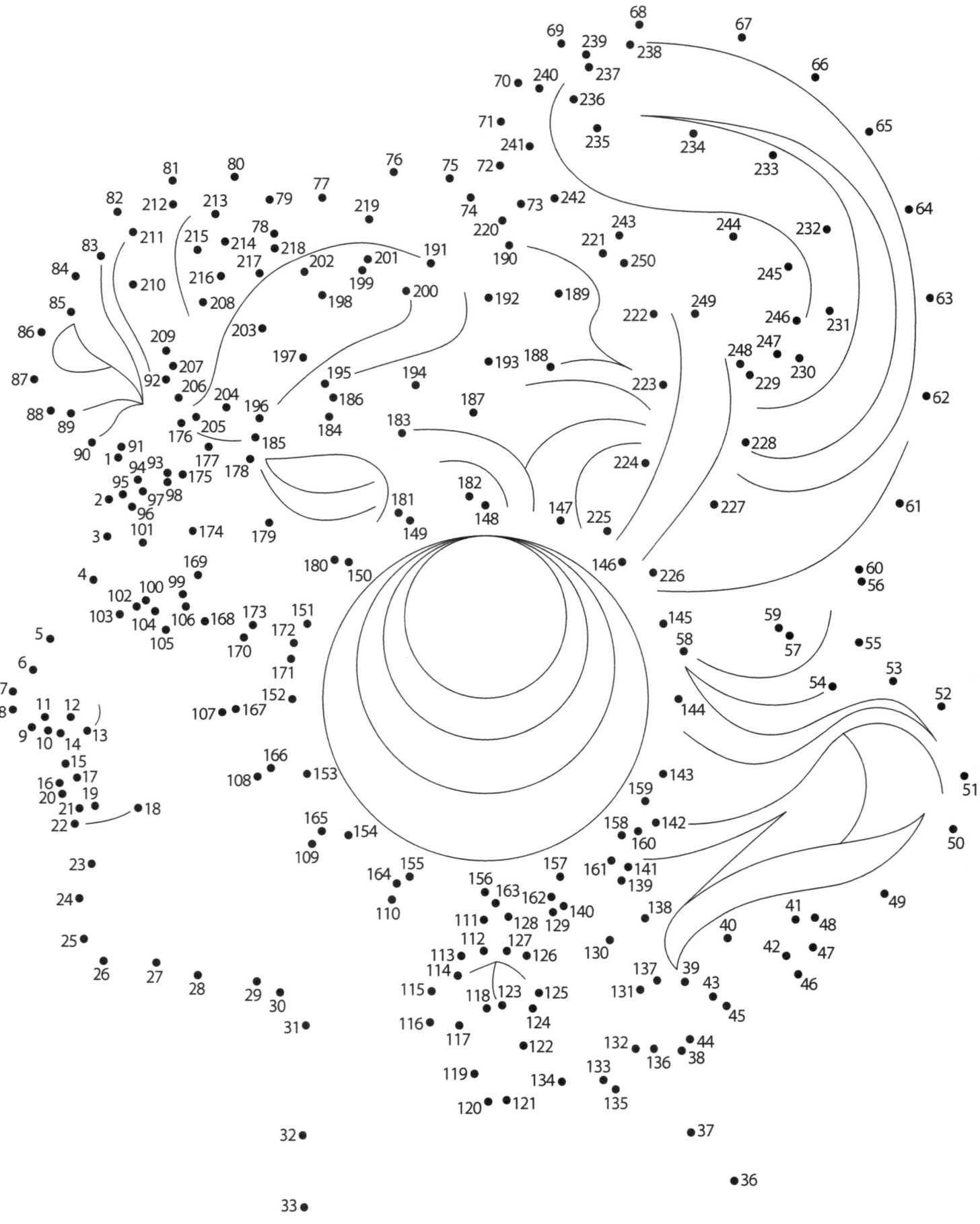

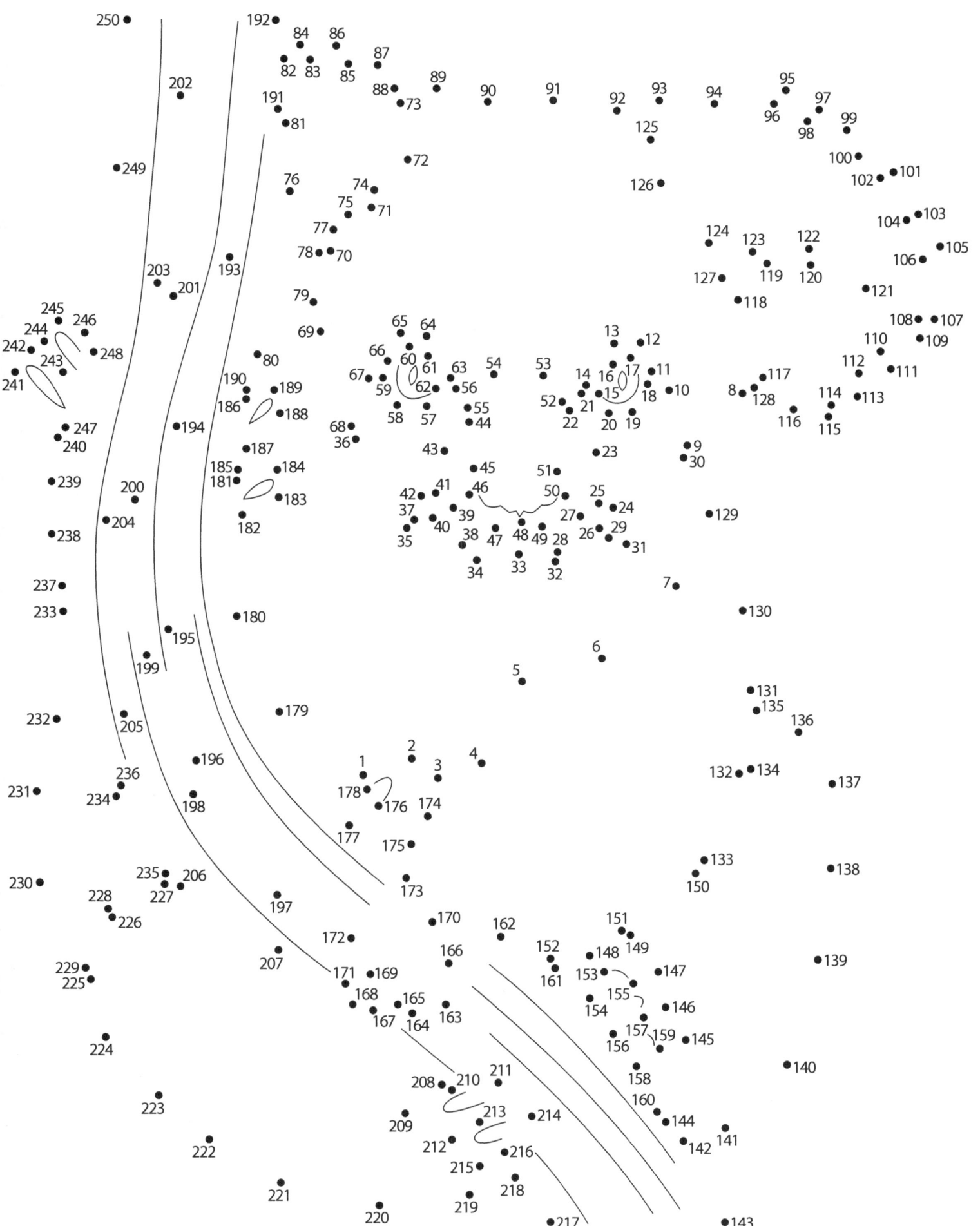

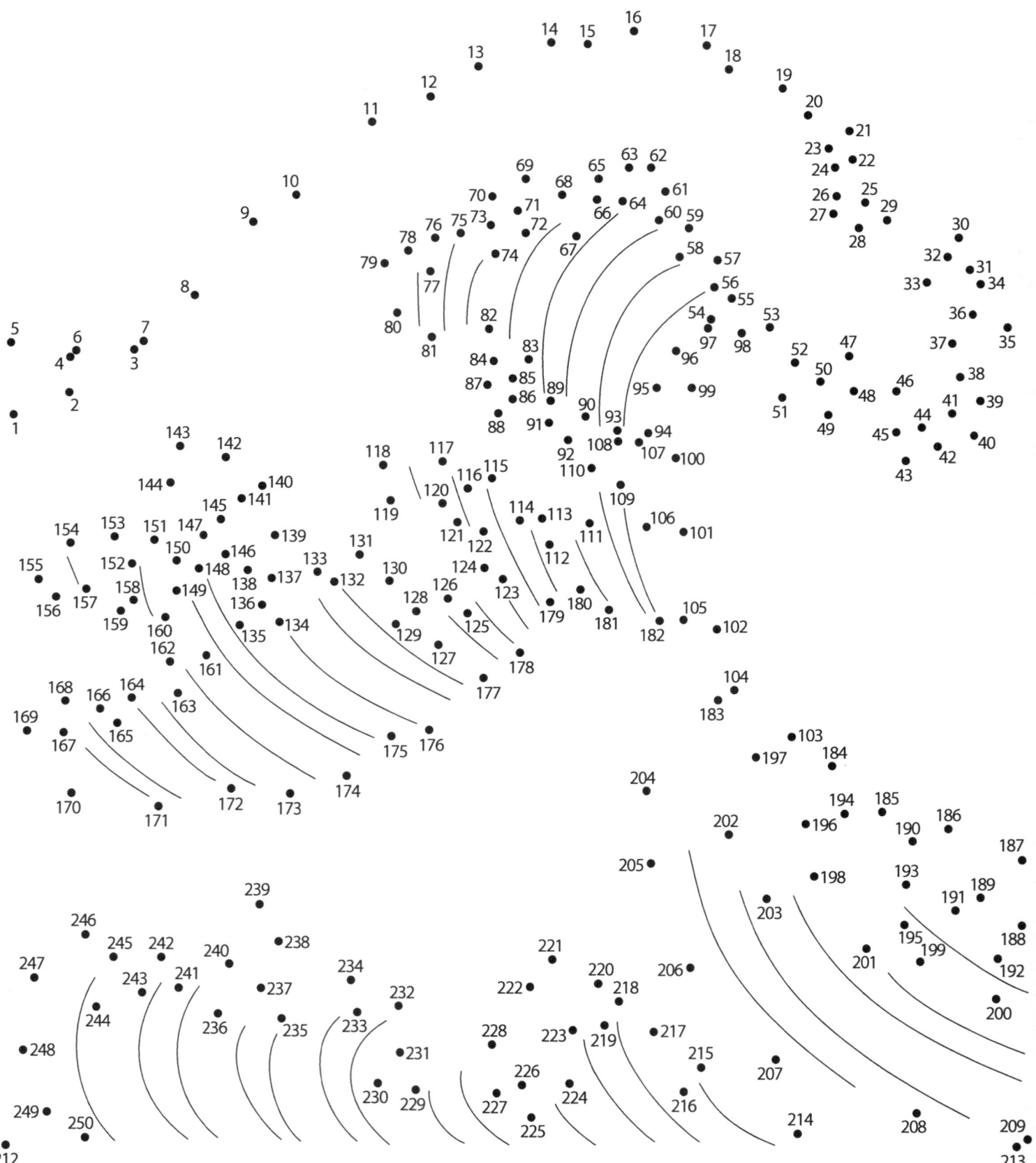

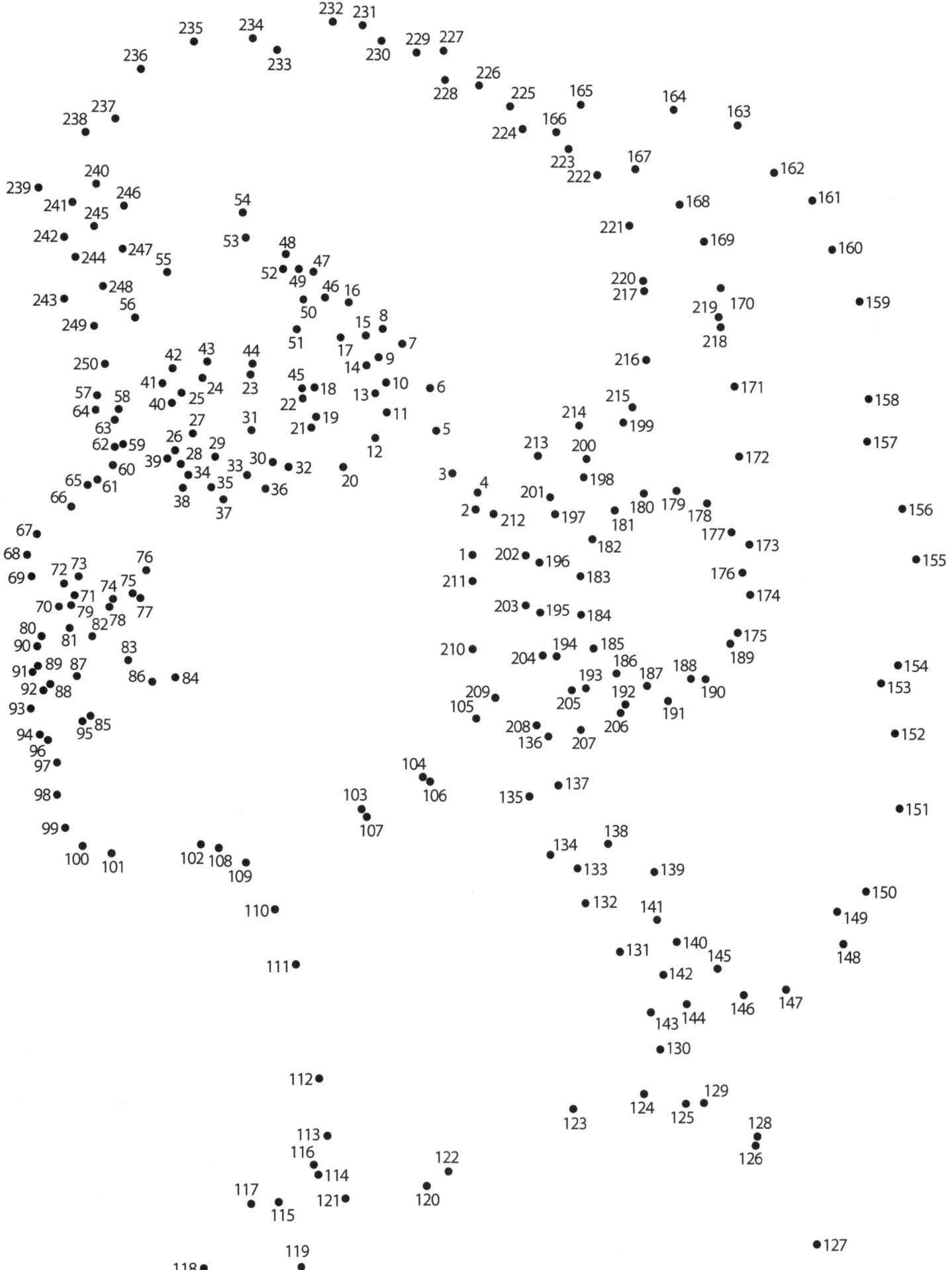

53

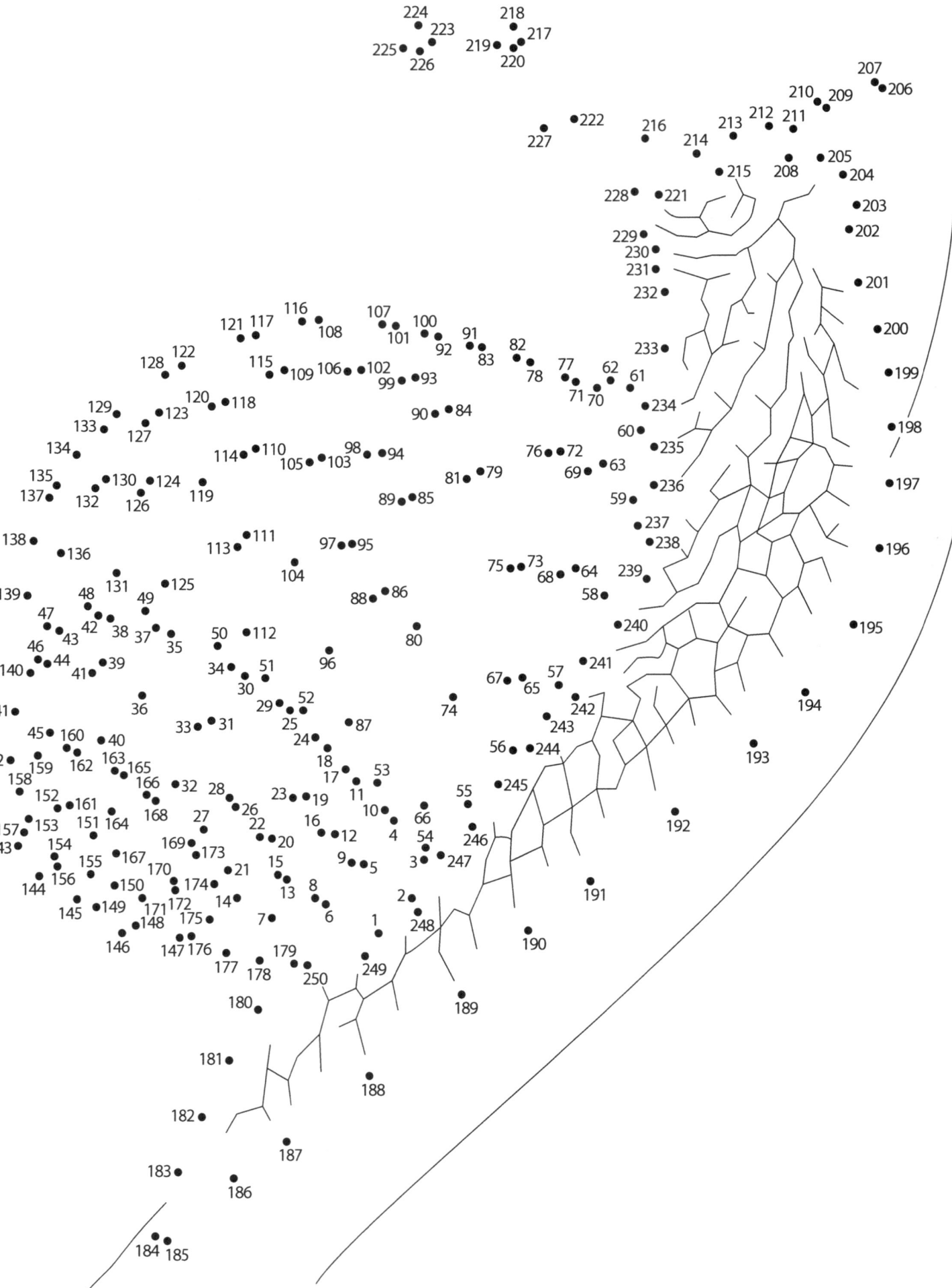

54

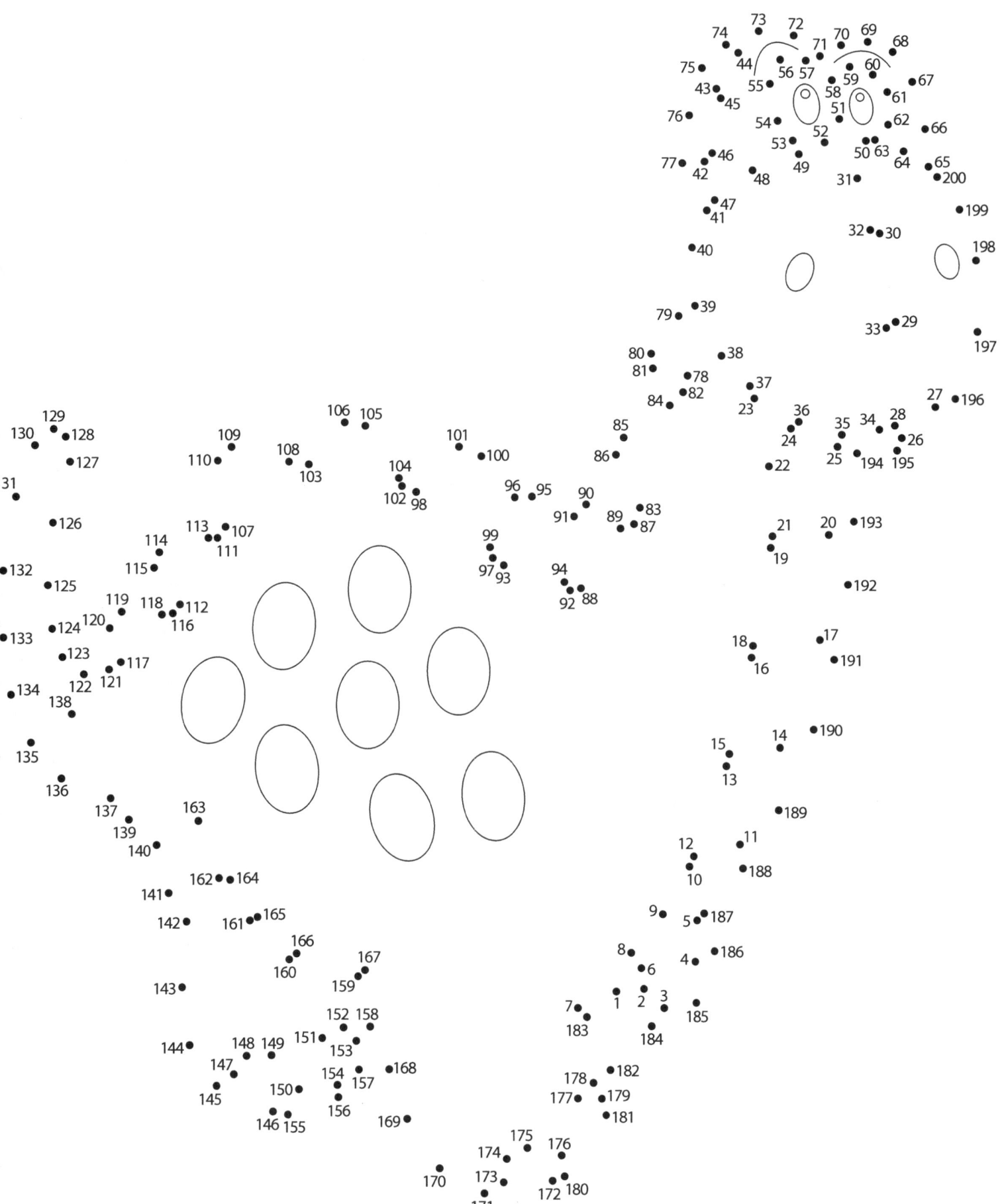

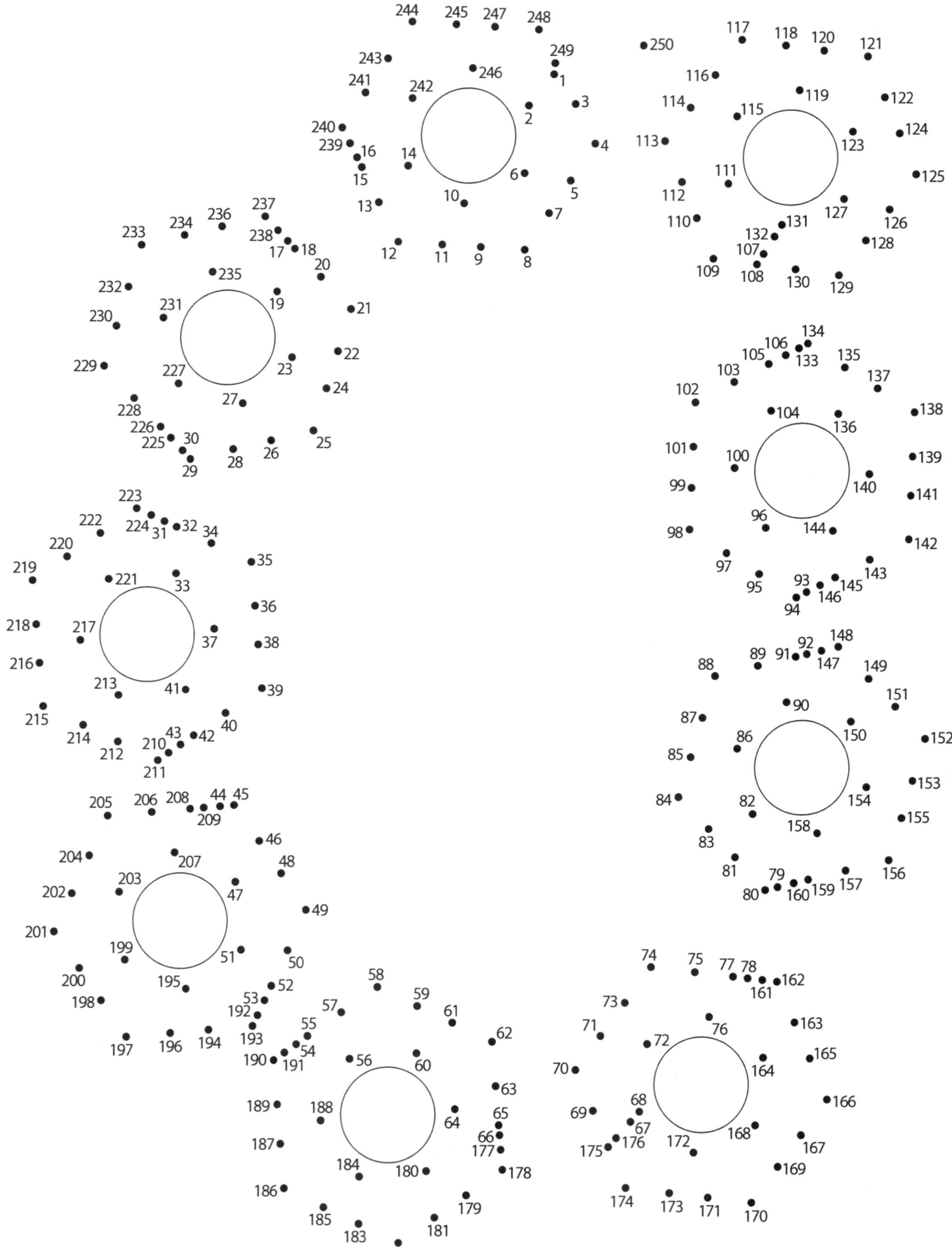

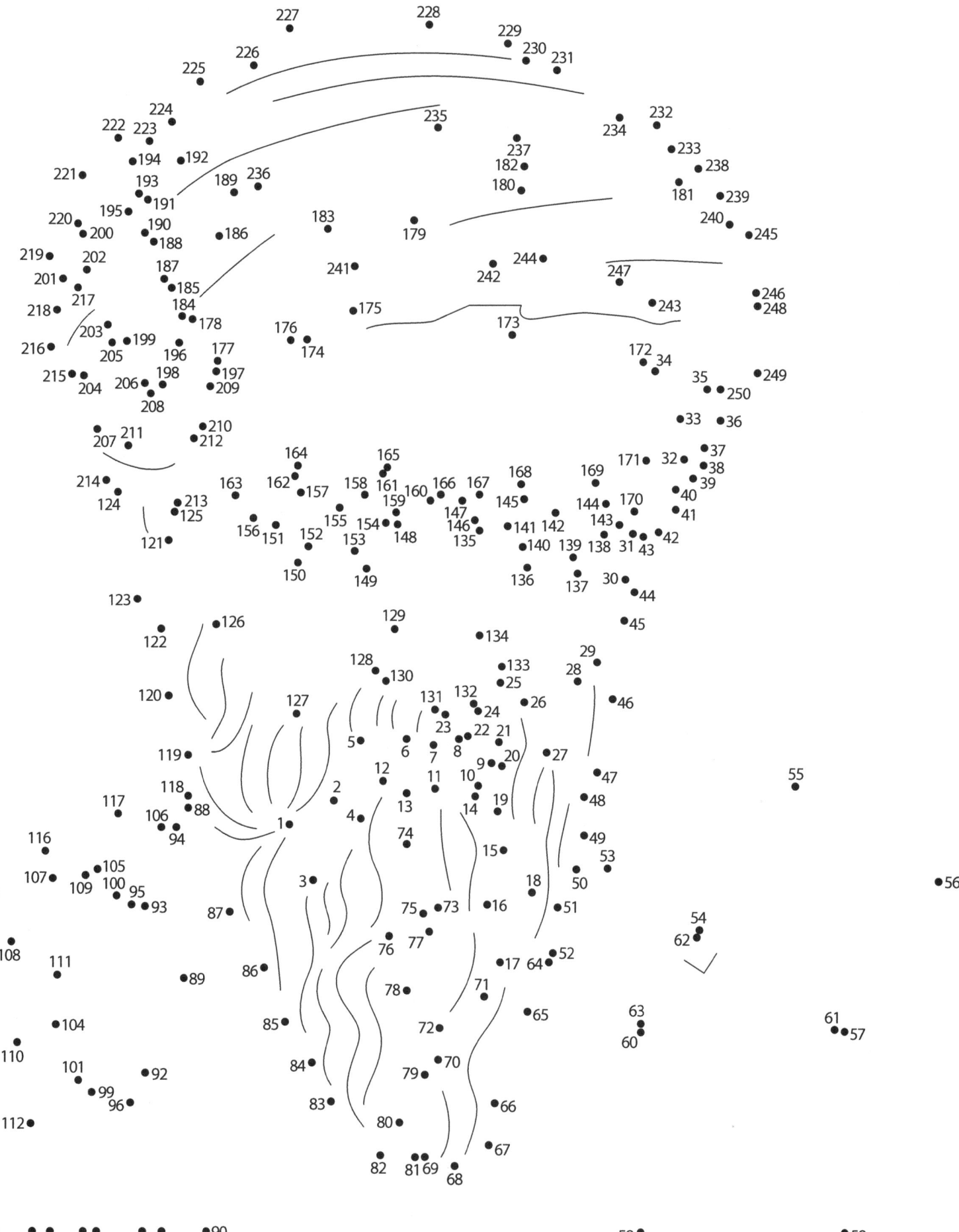

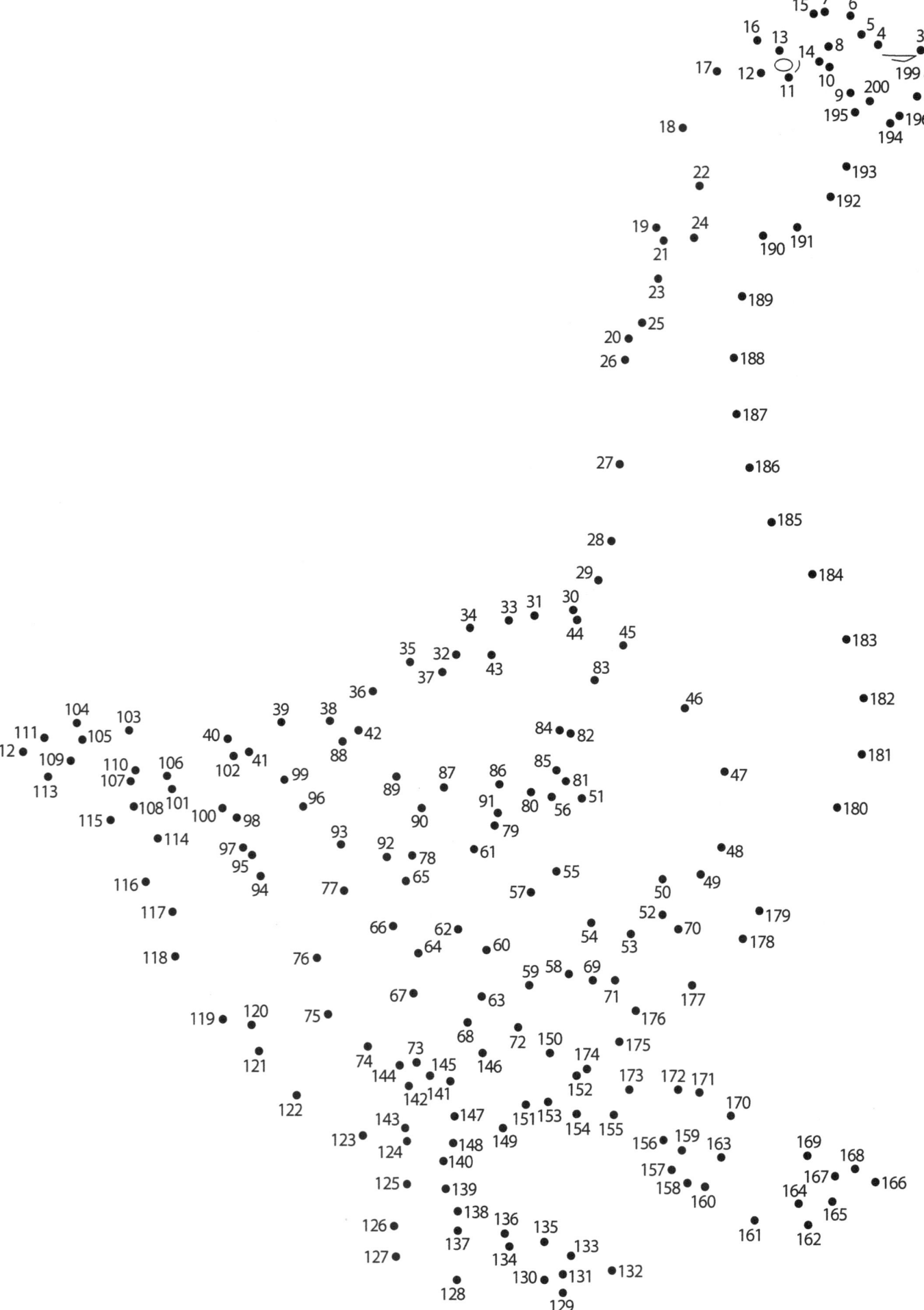

58

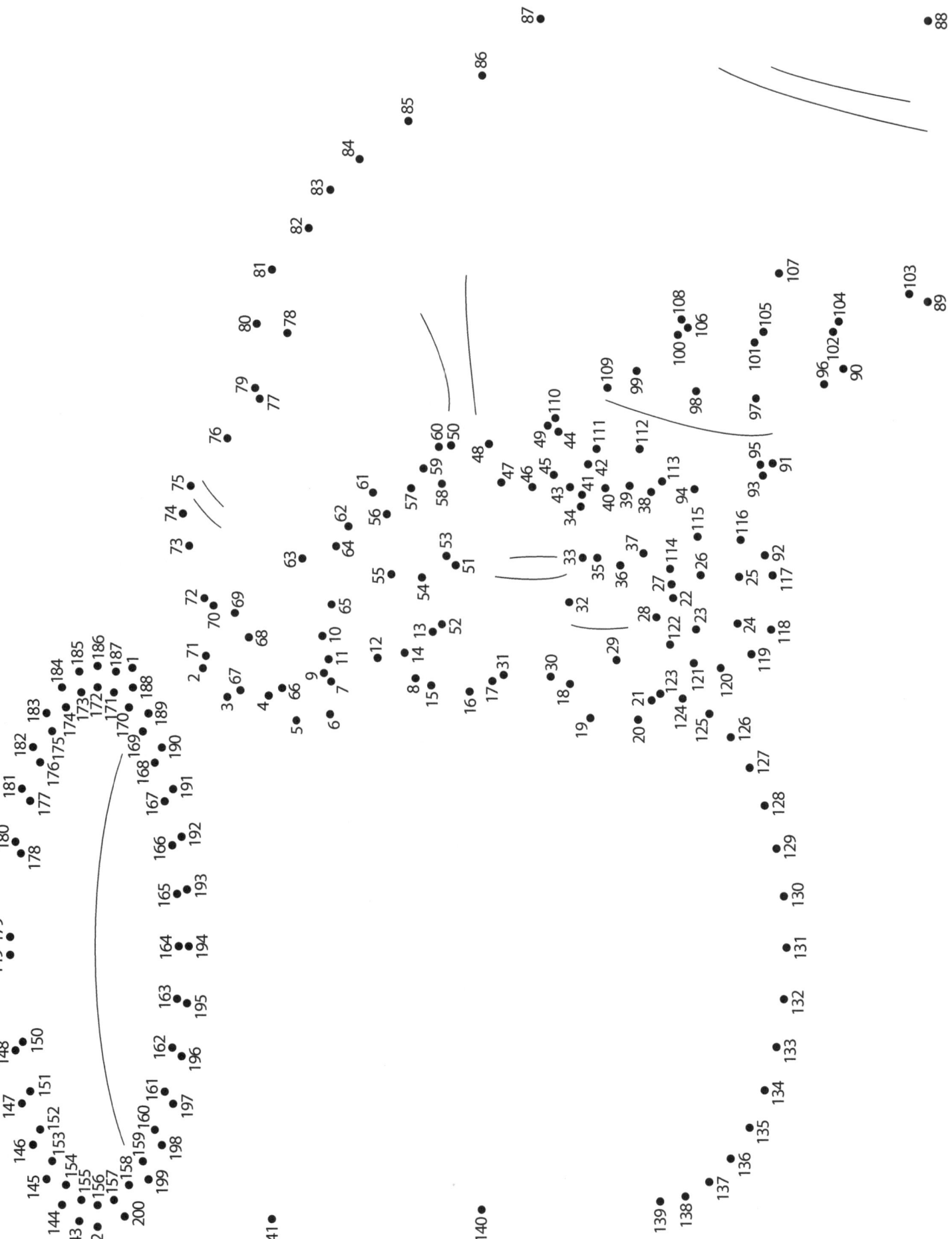

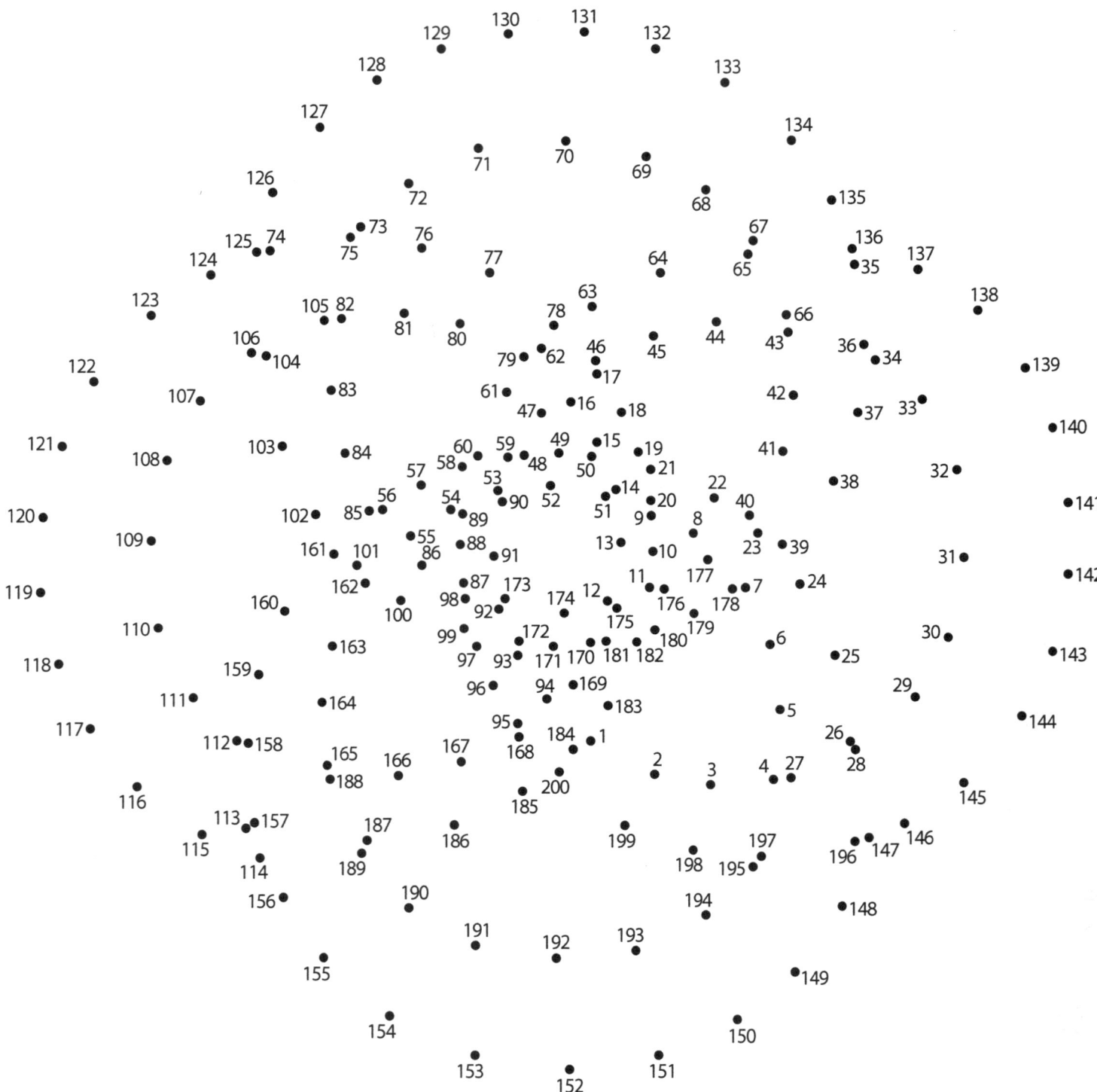

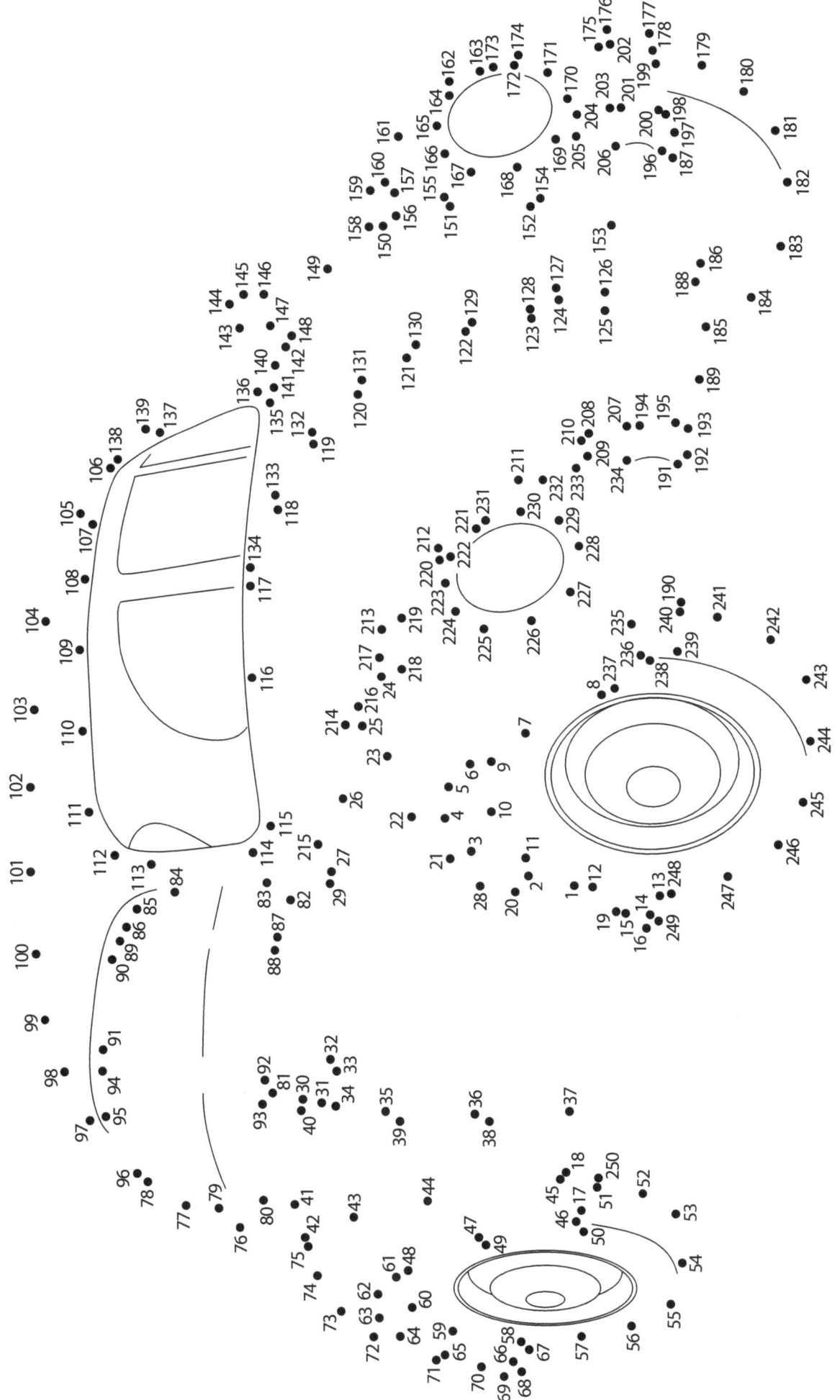

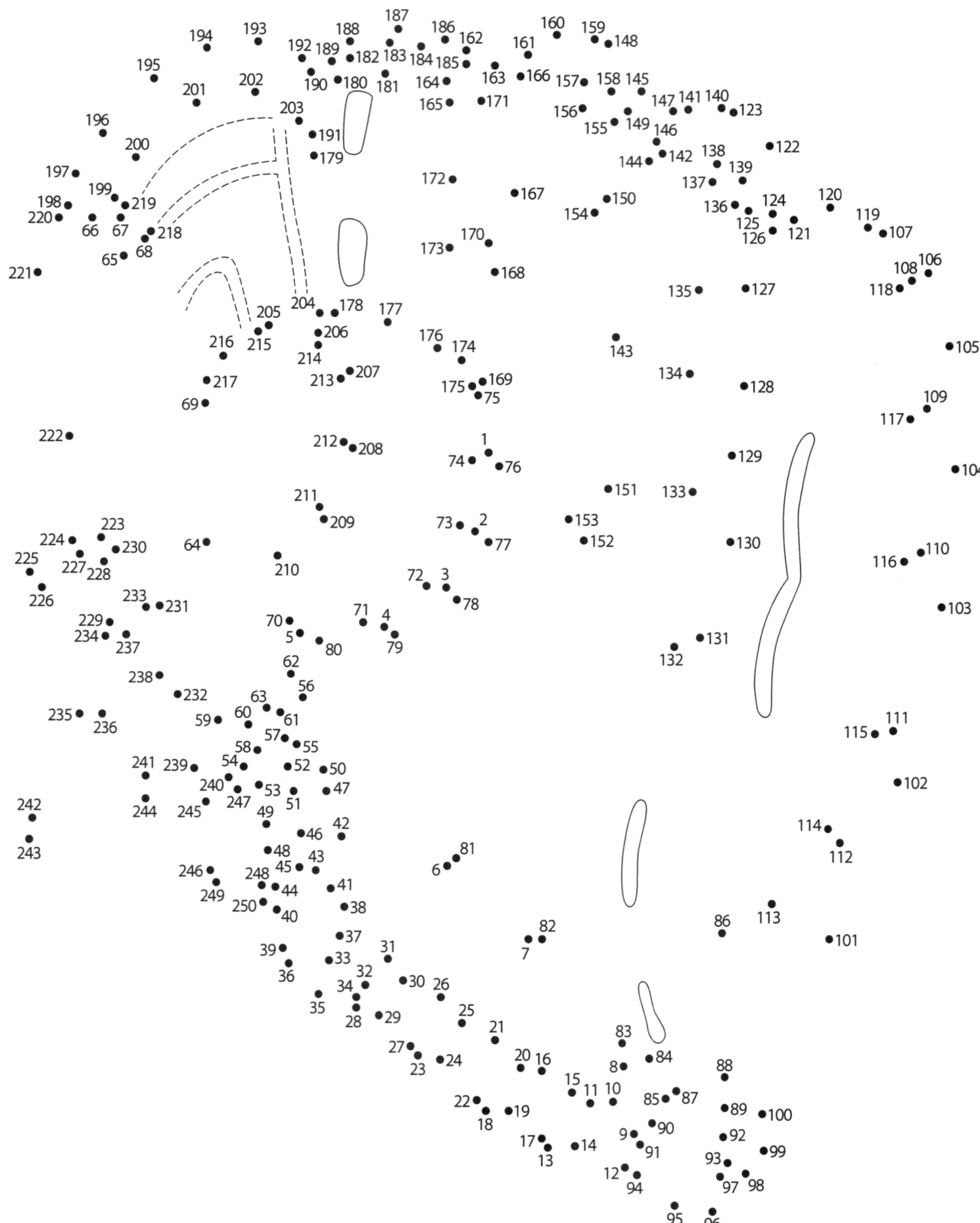

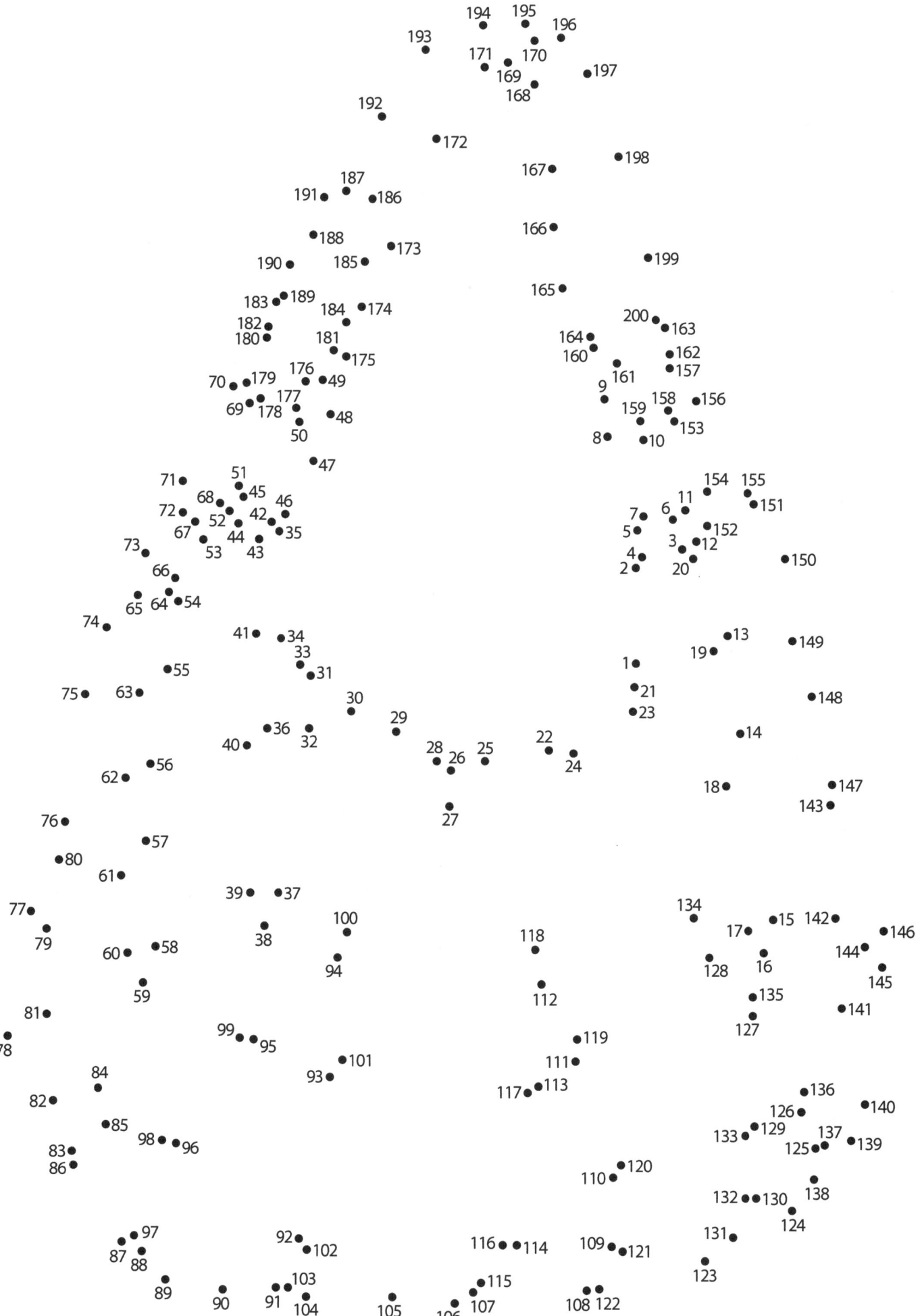

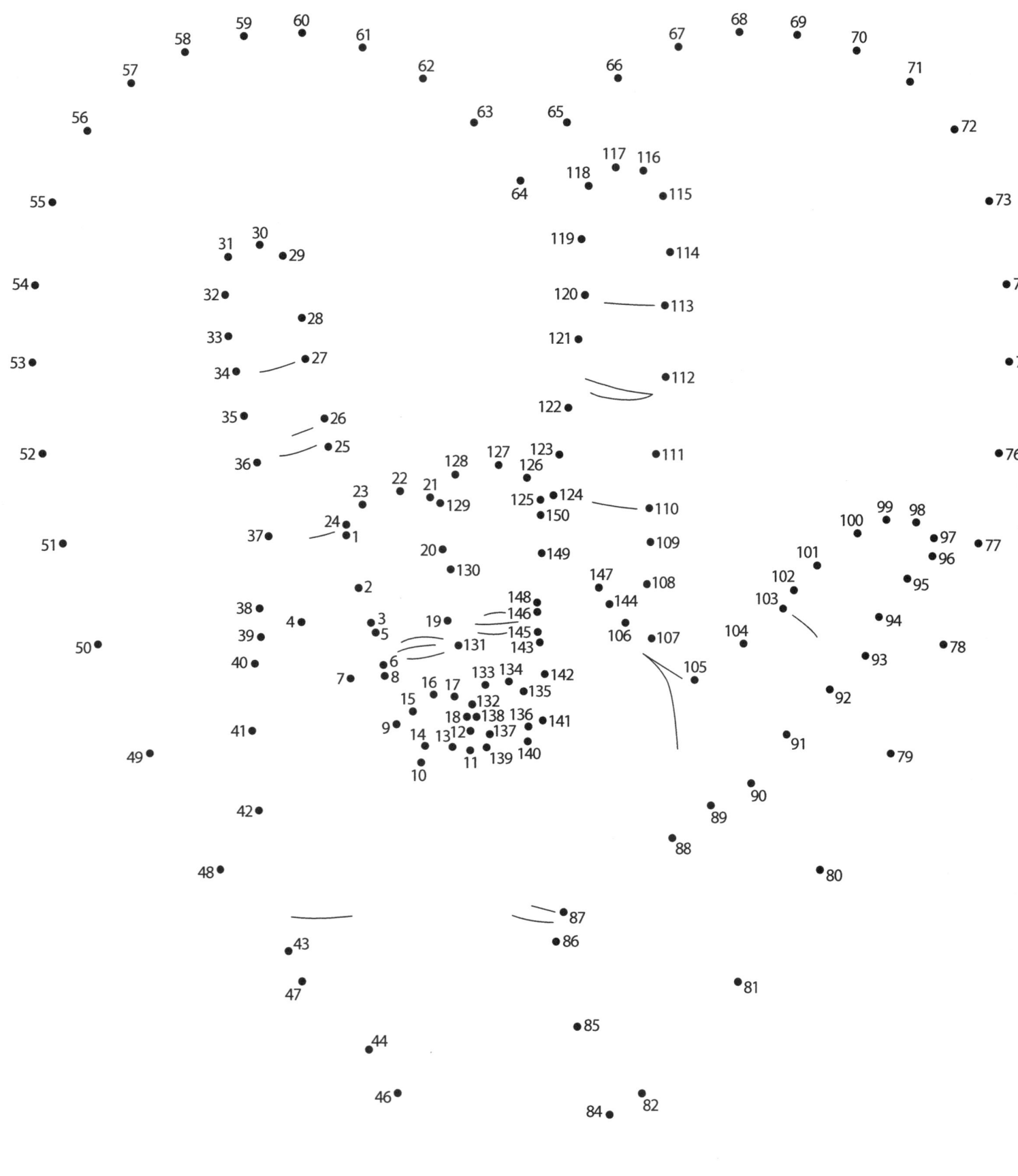

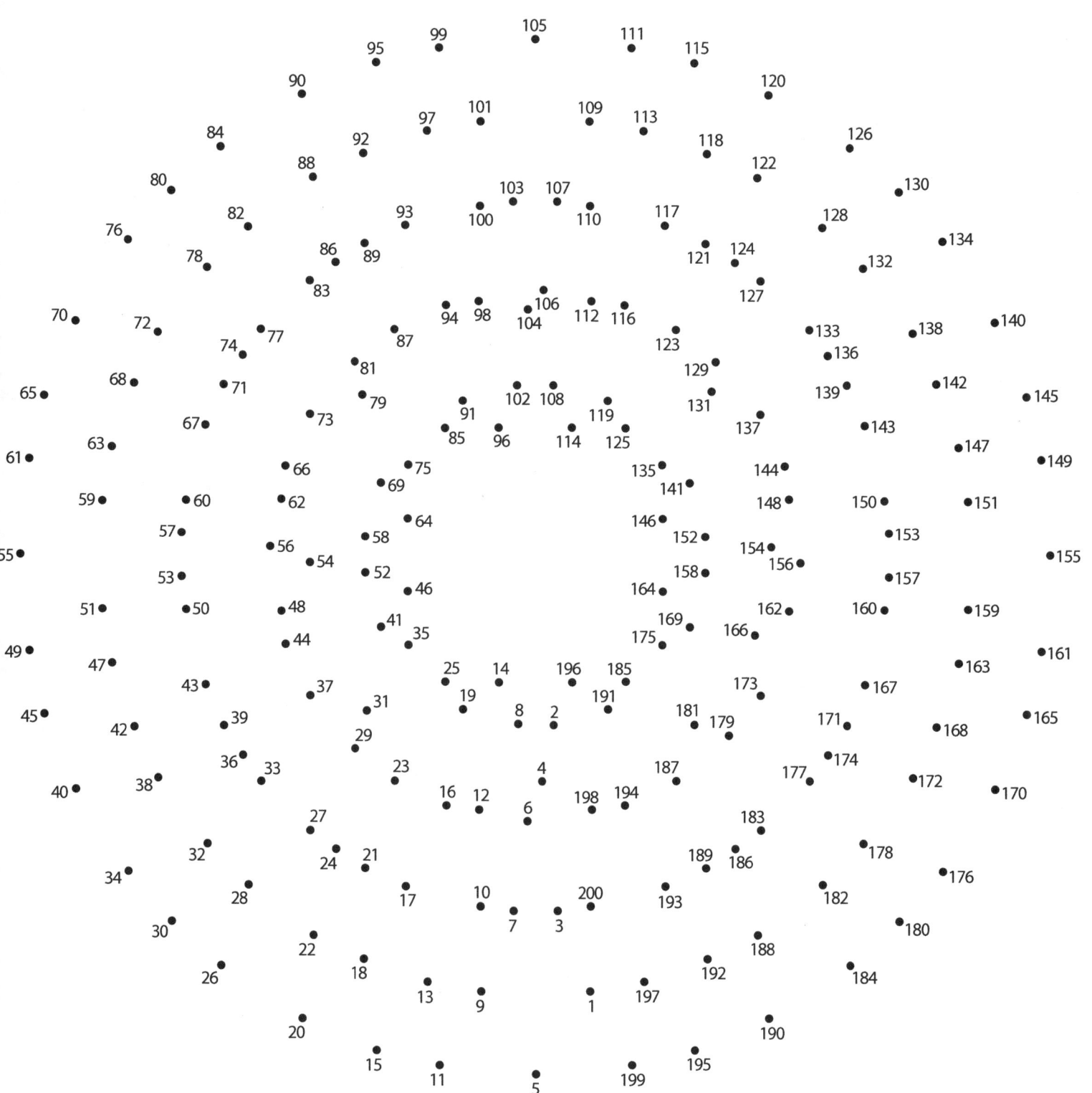

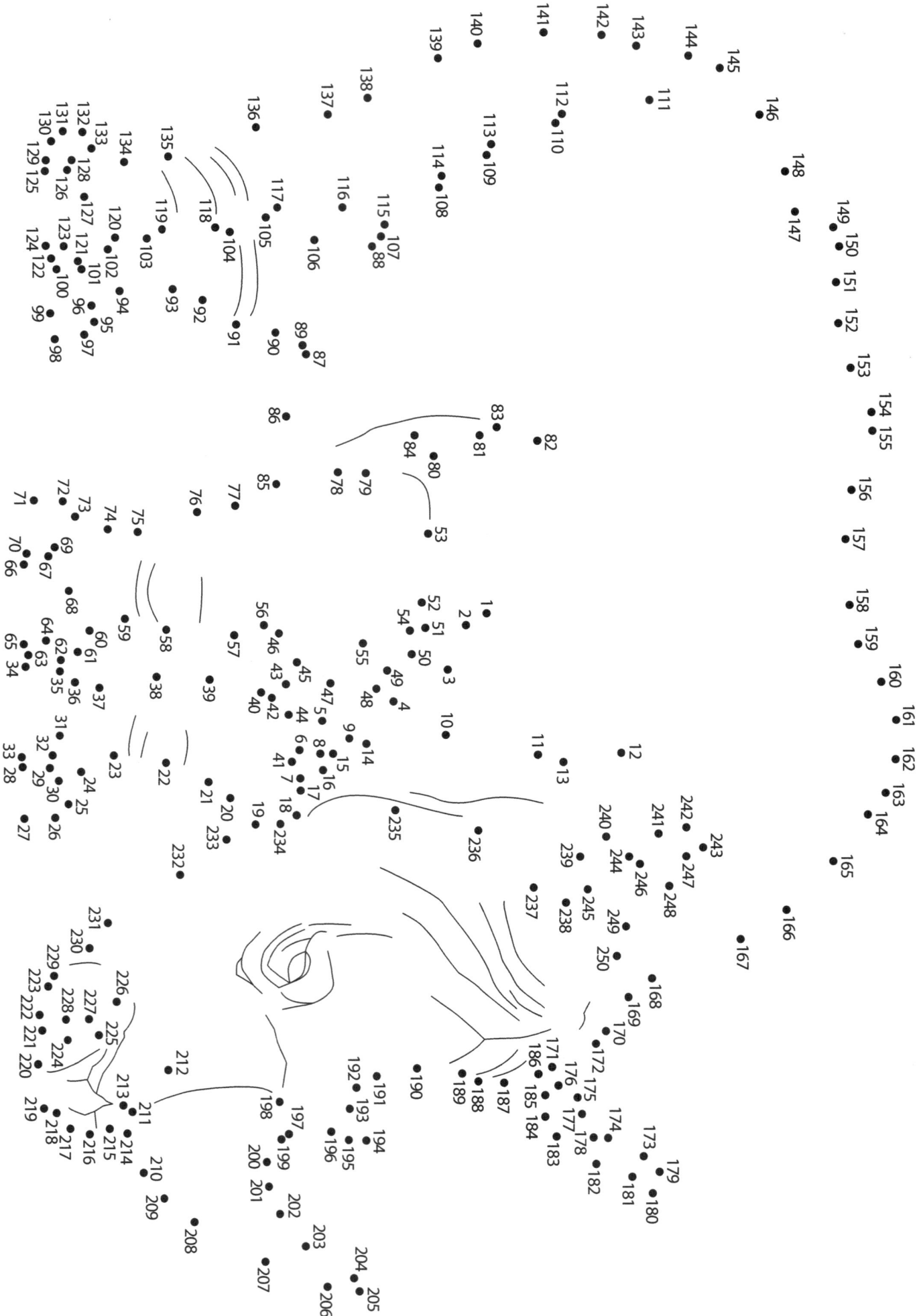

66

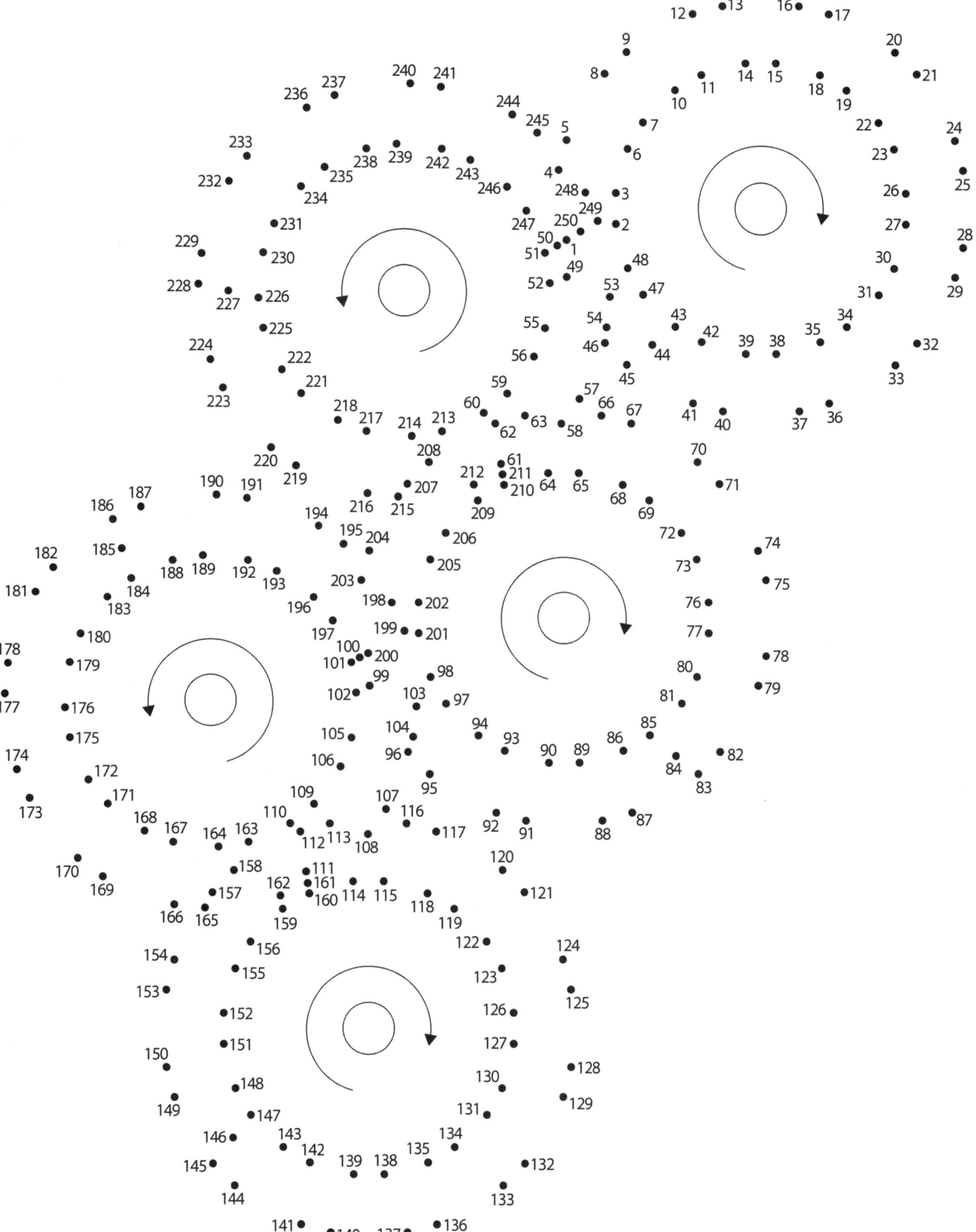

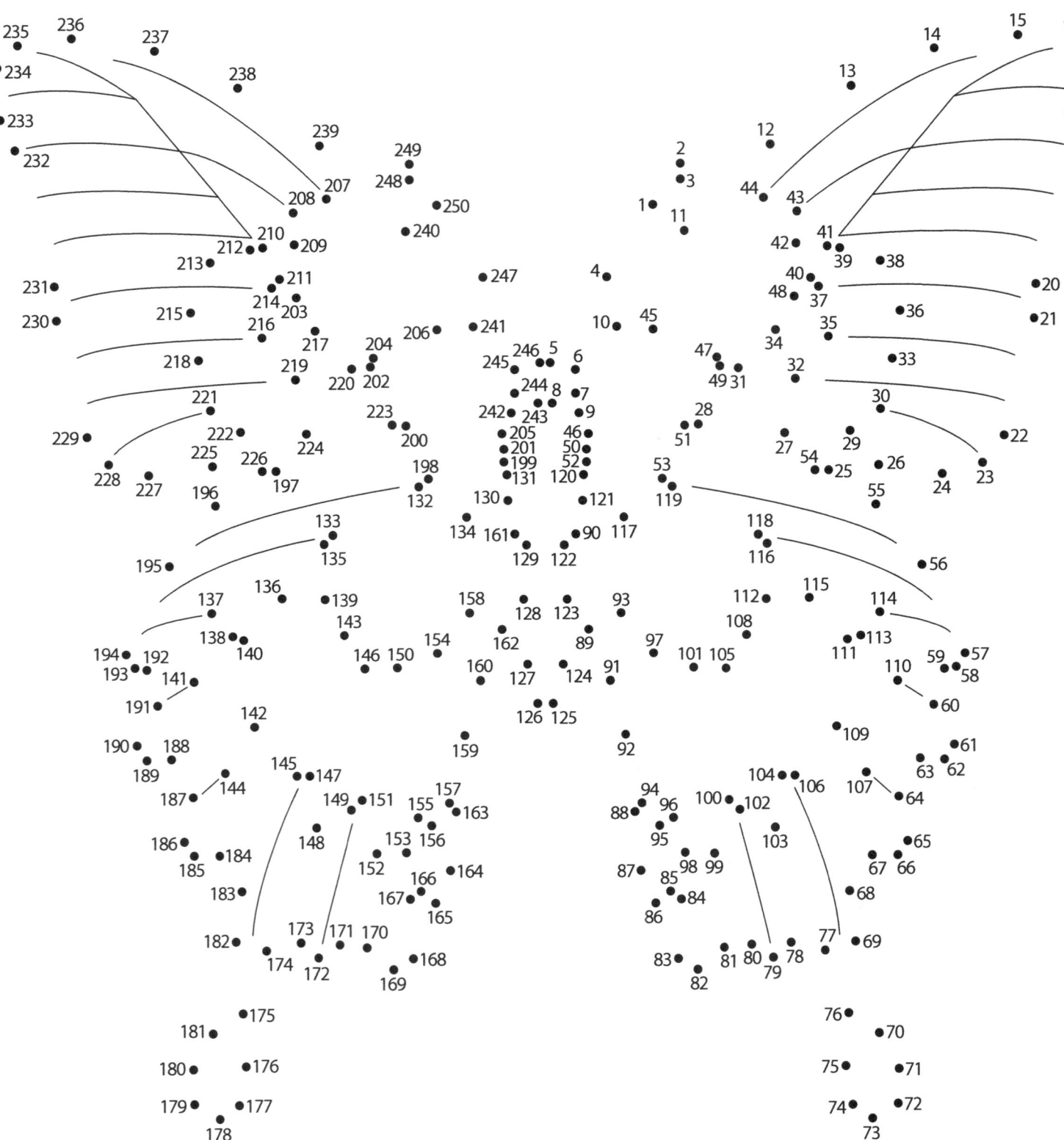

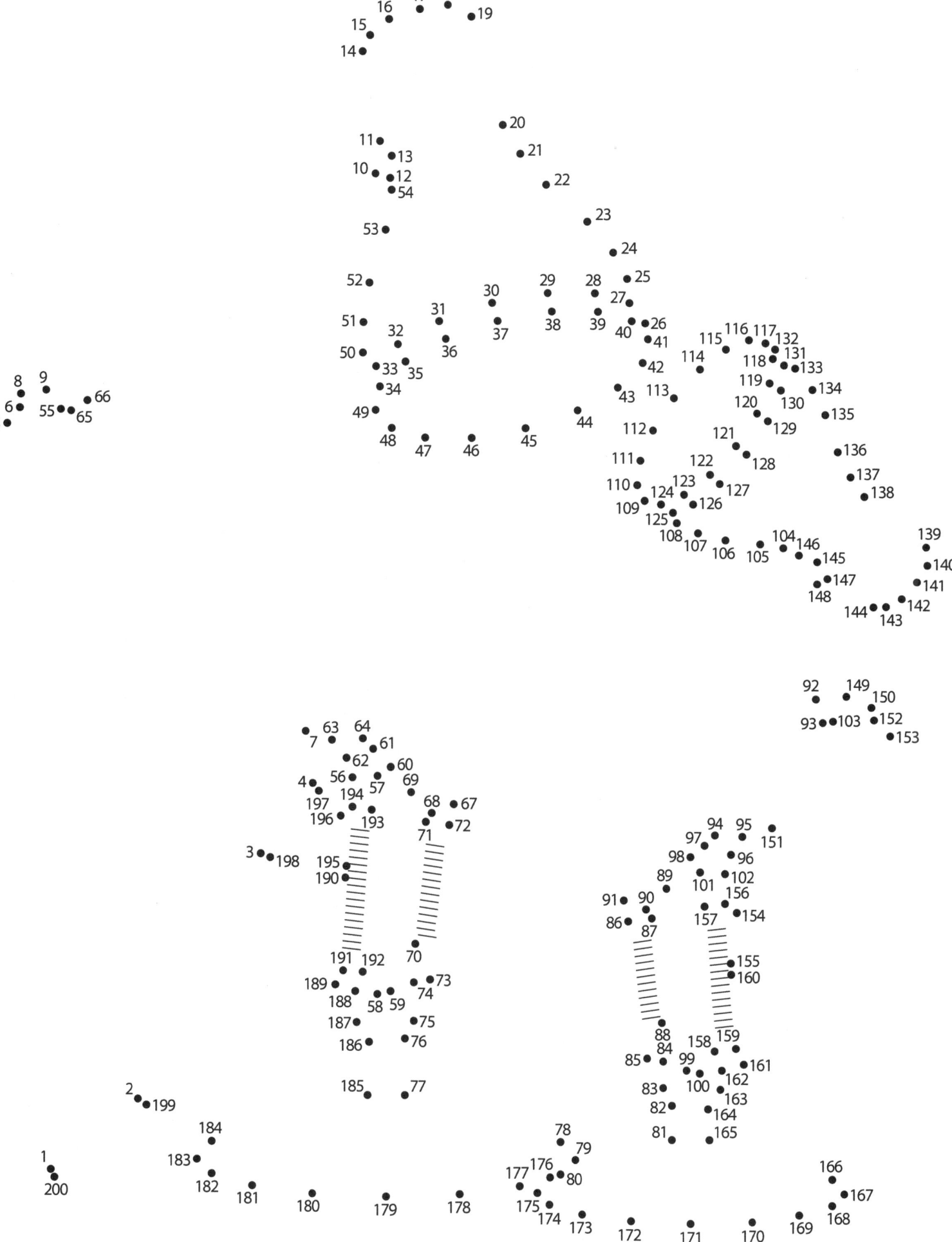

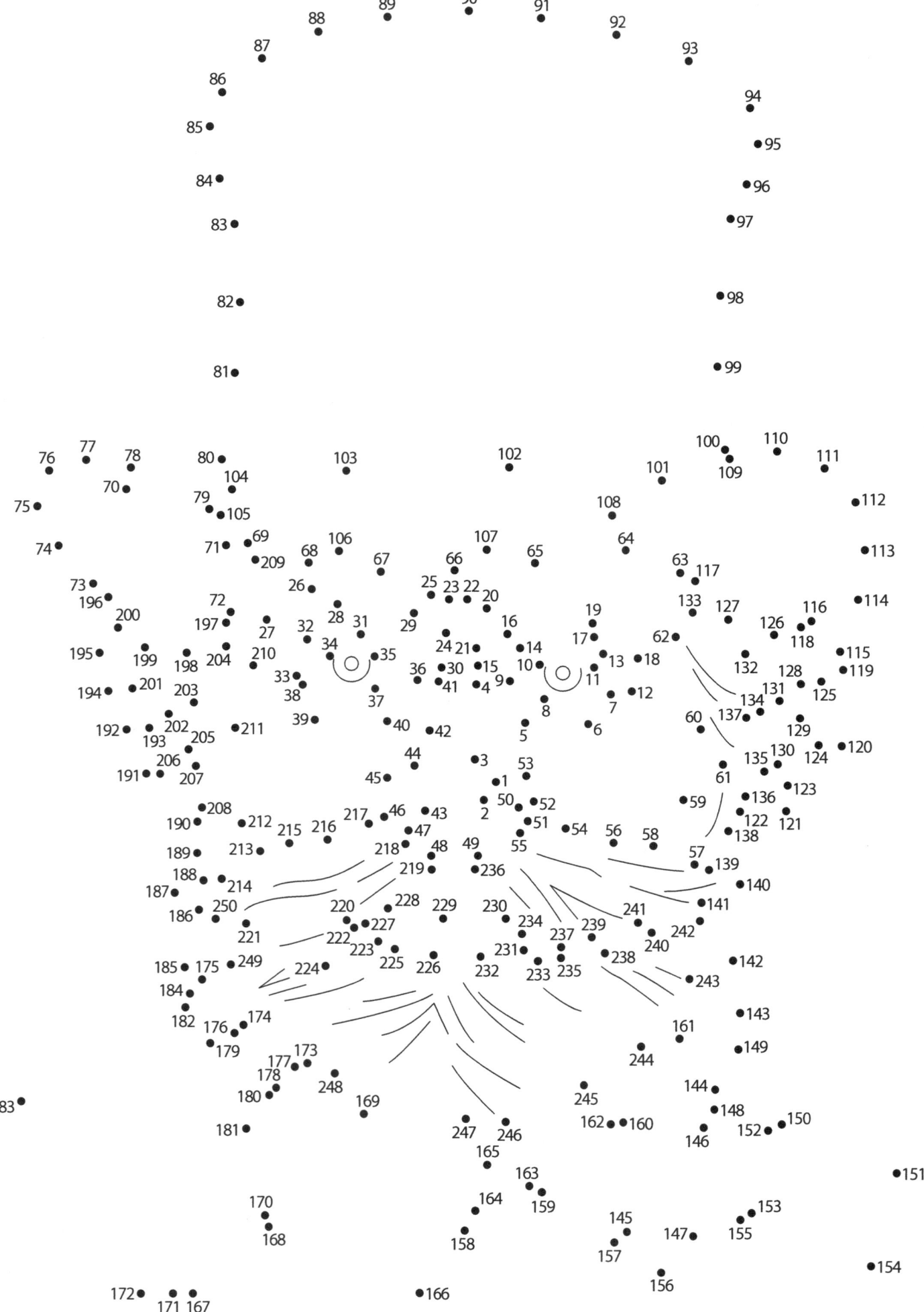

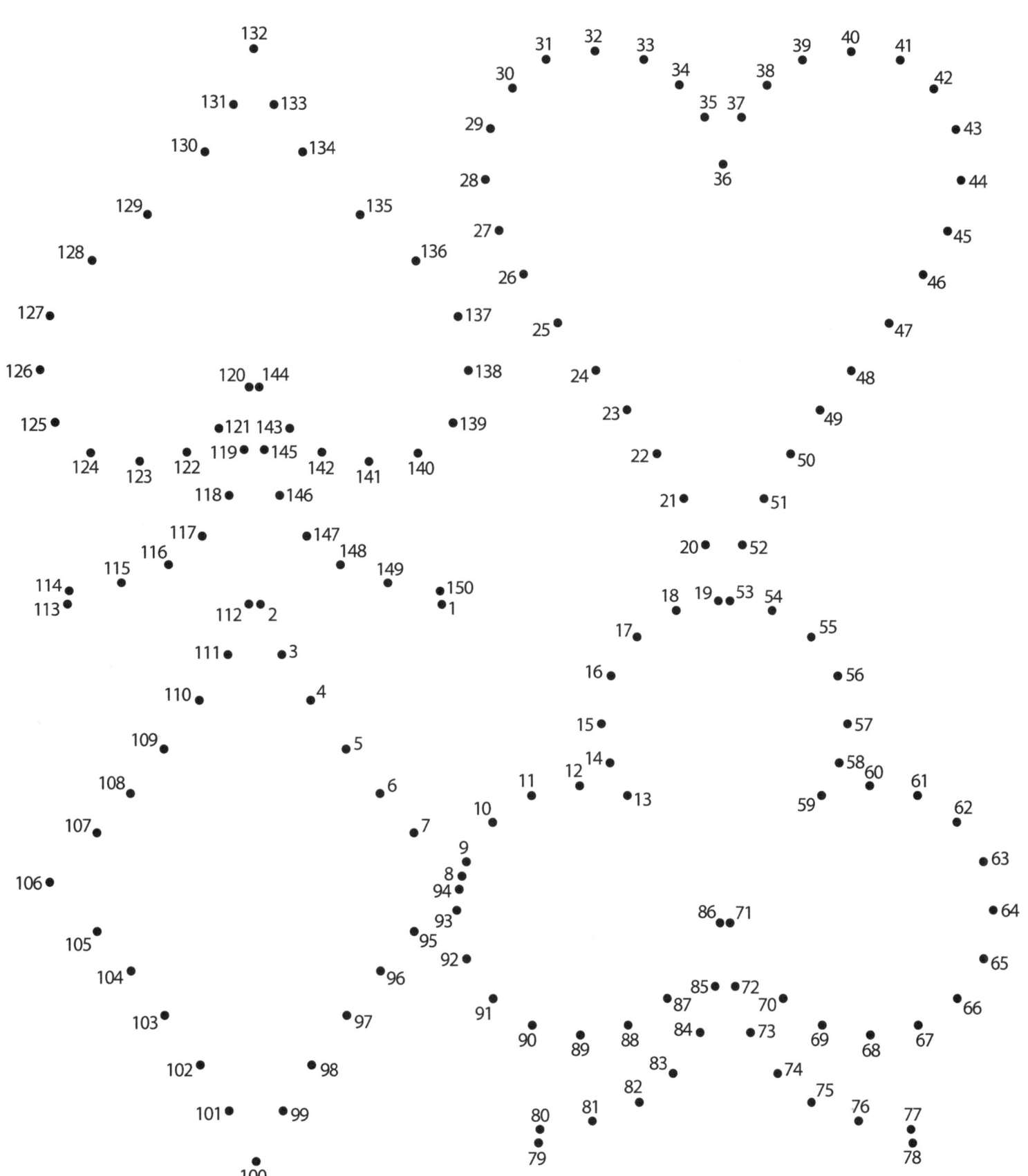

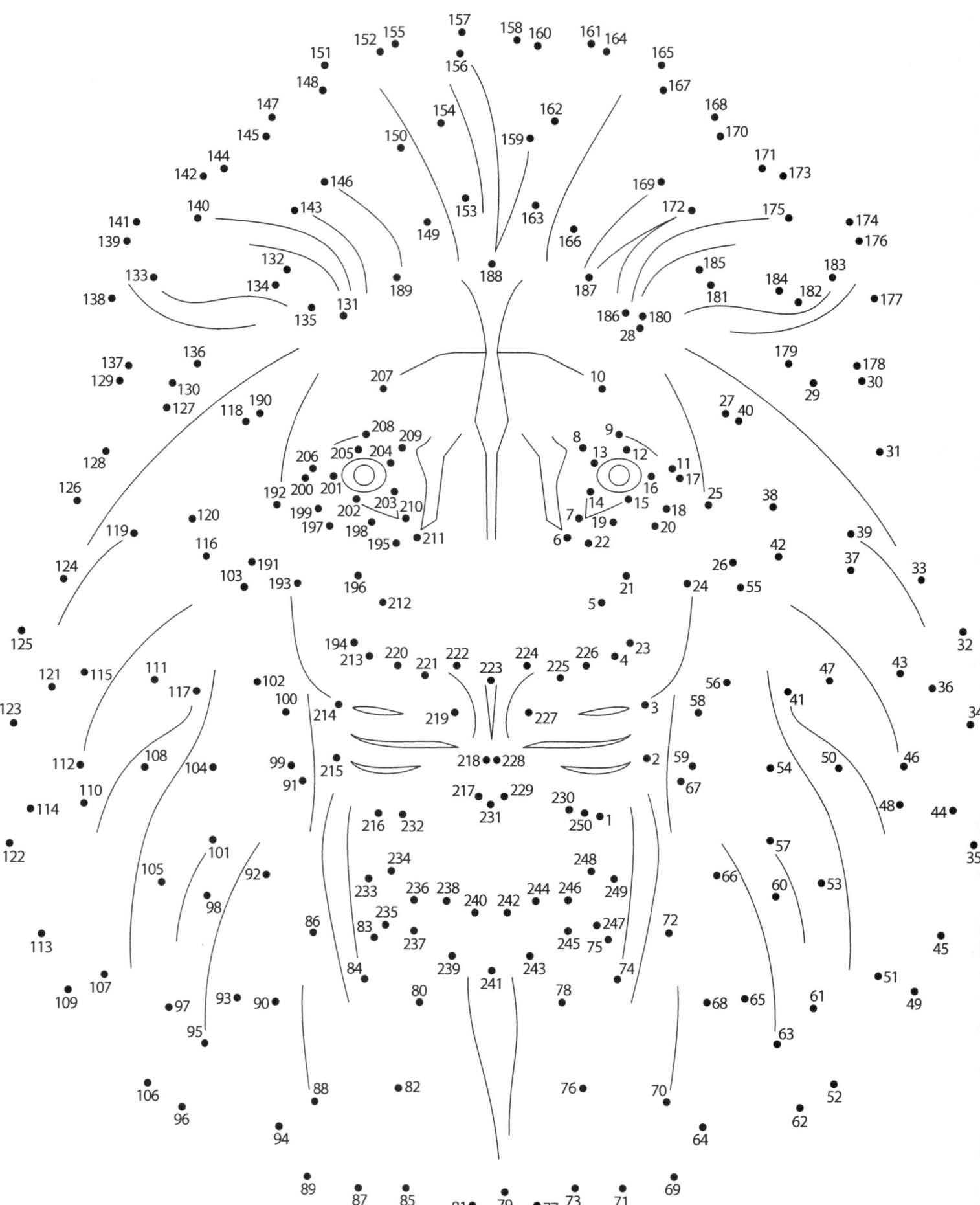

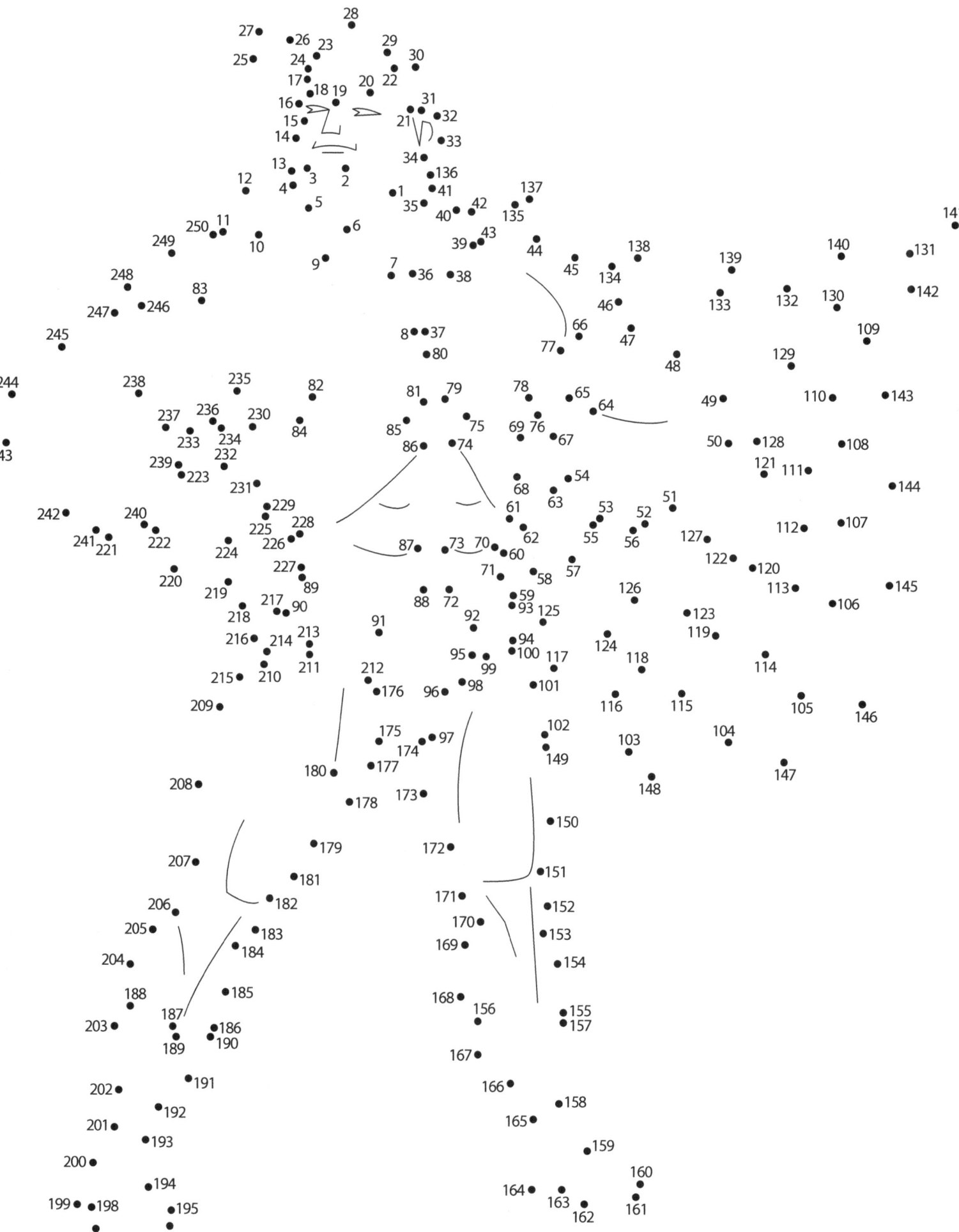

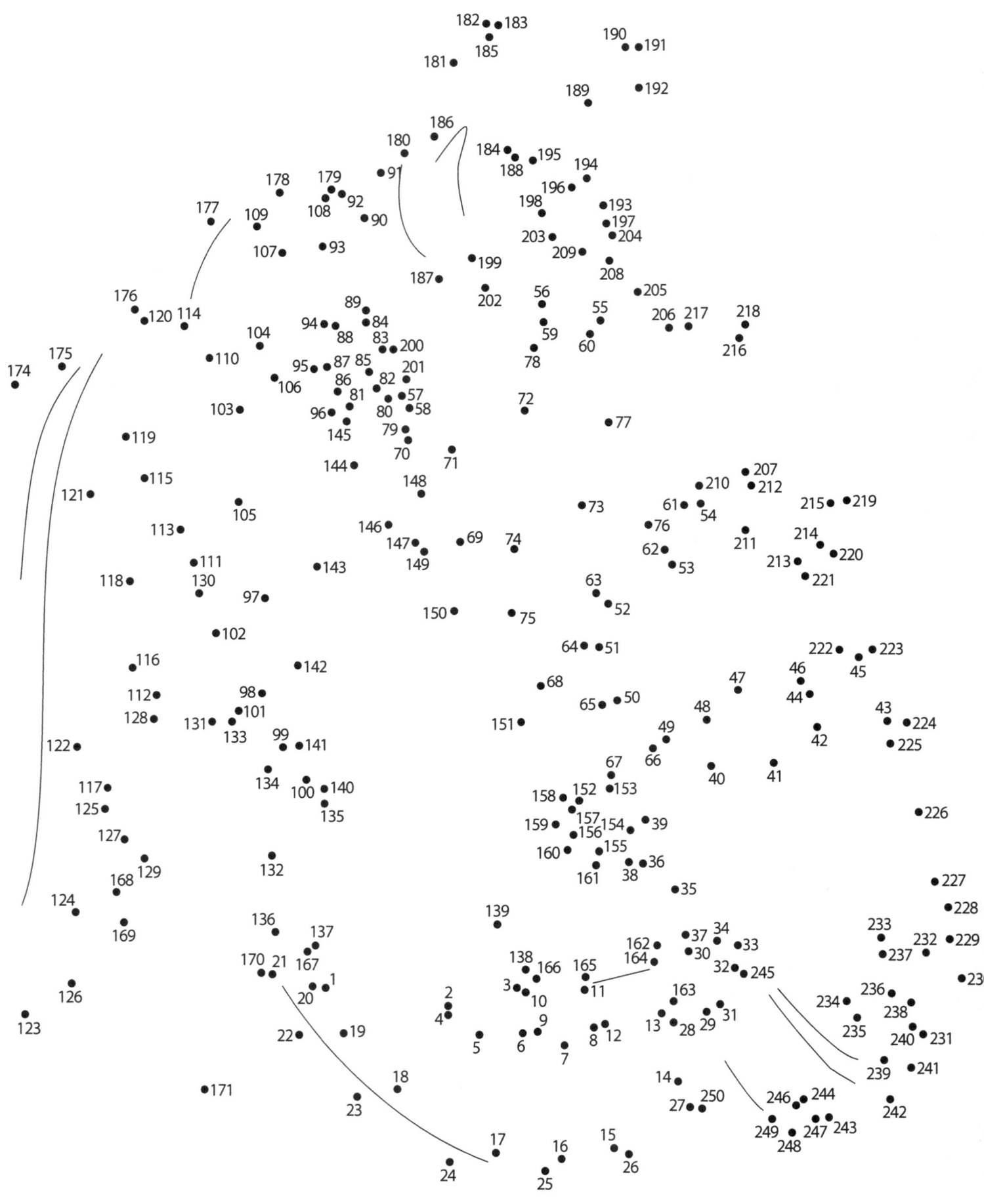

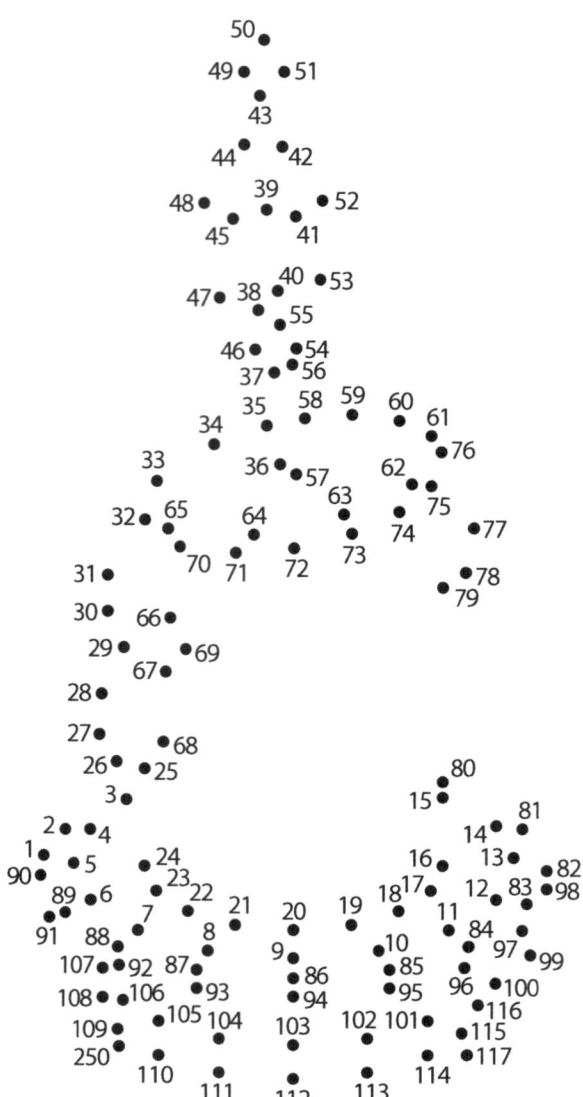
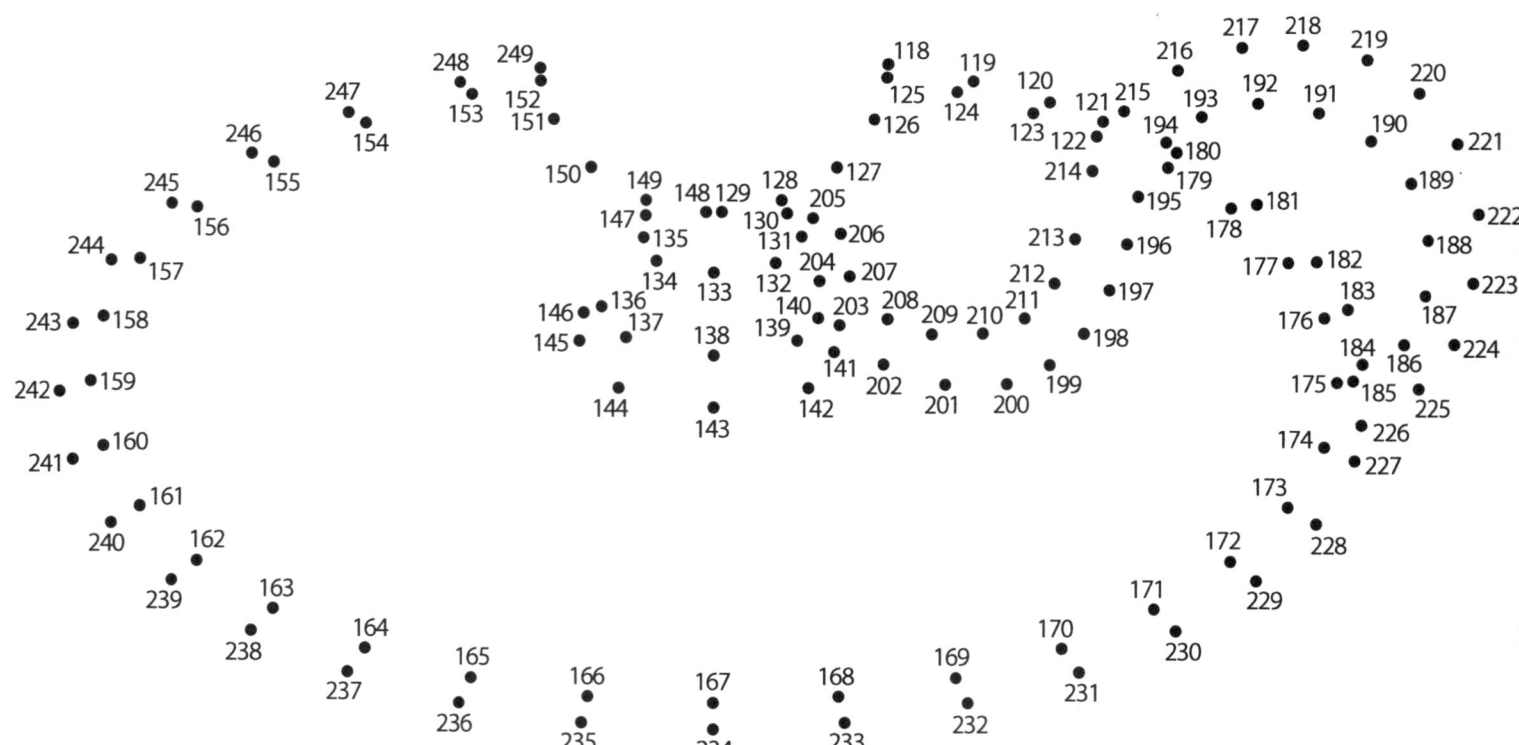

76

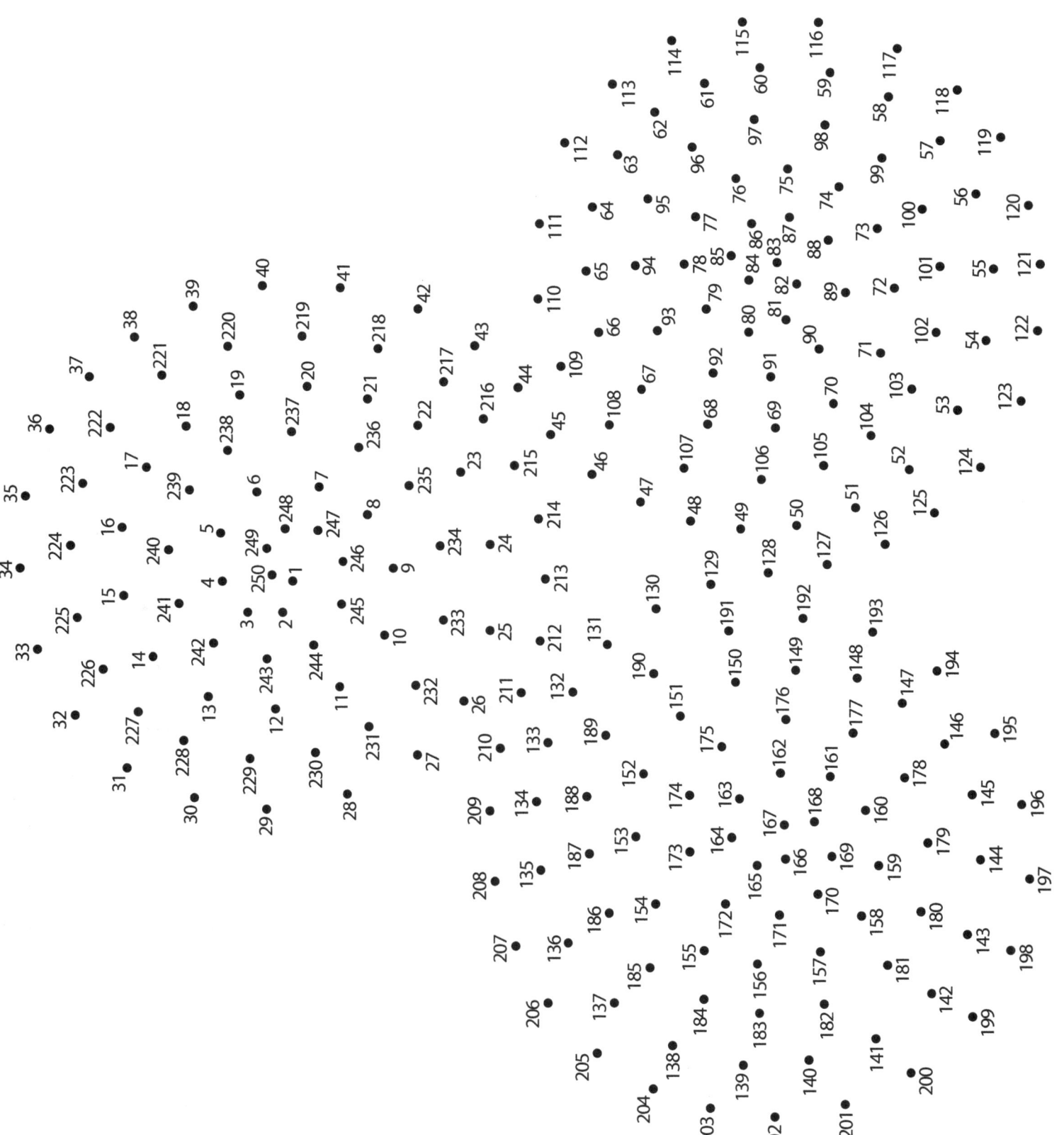

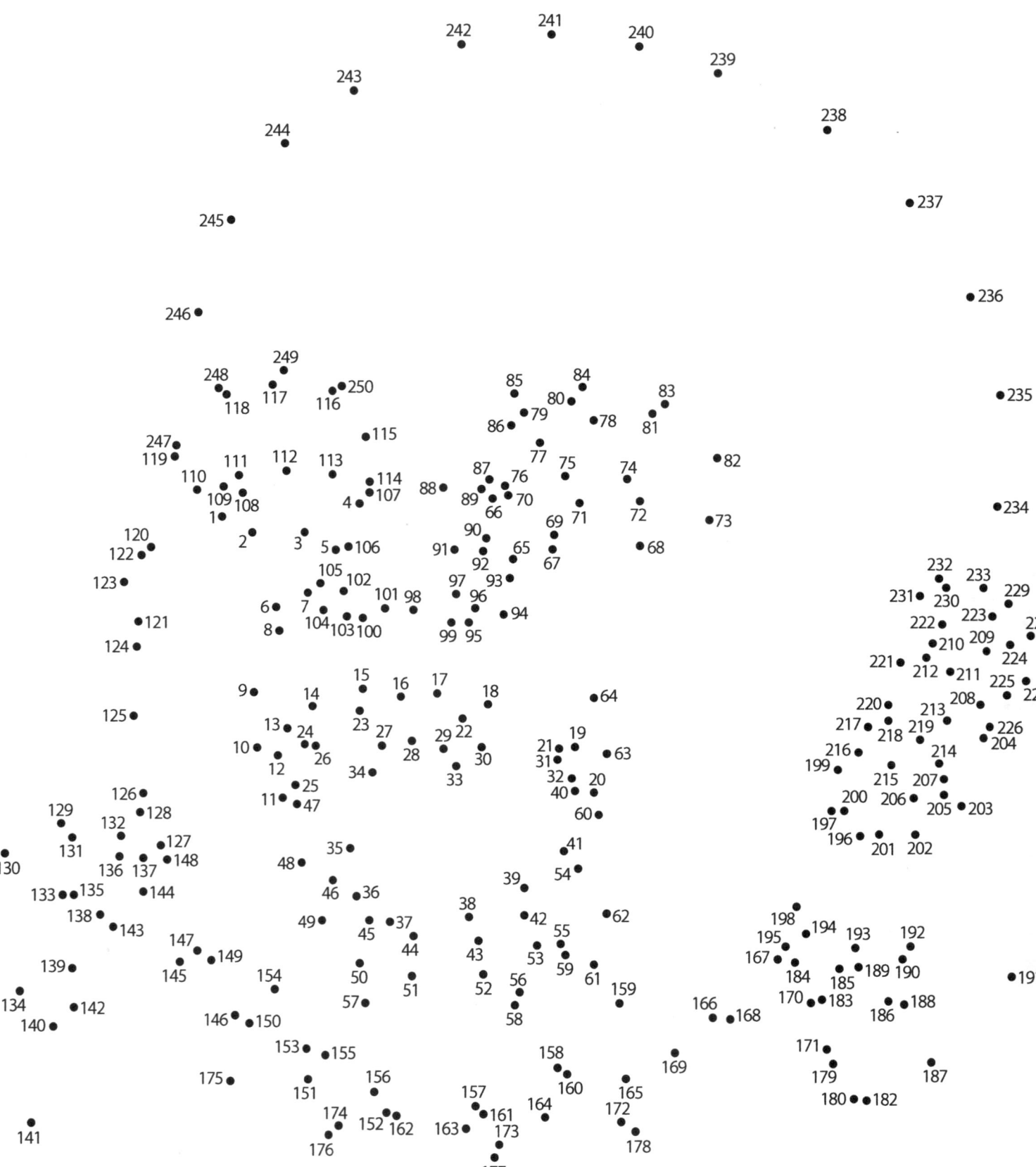

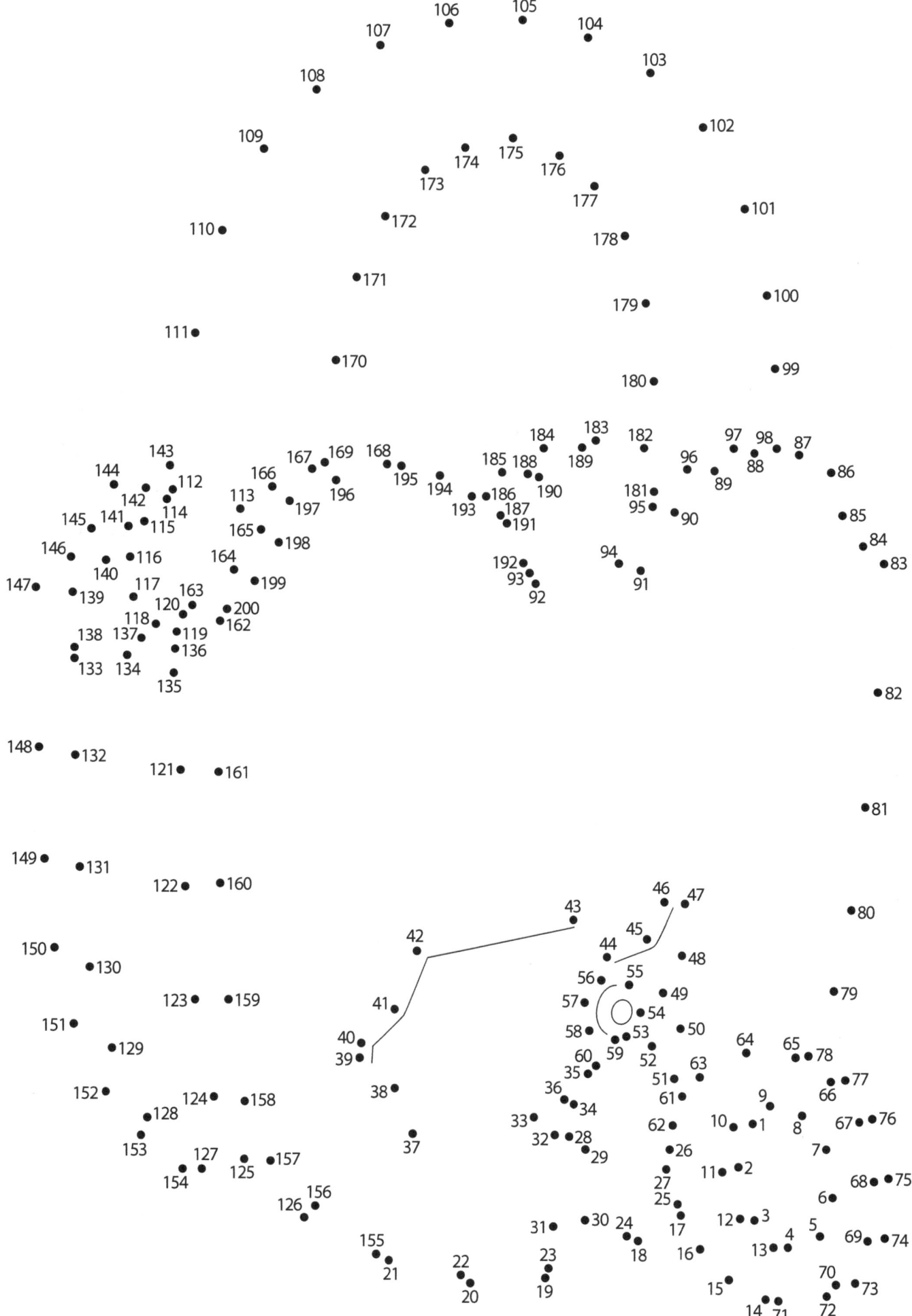

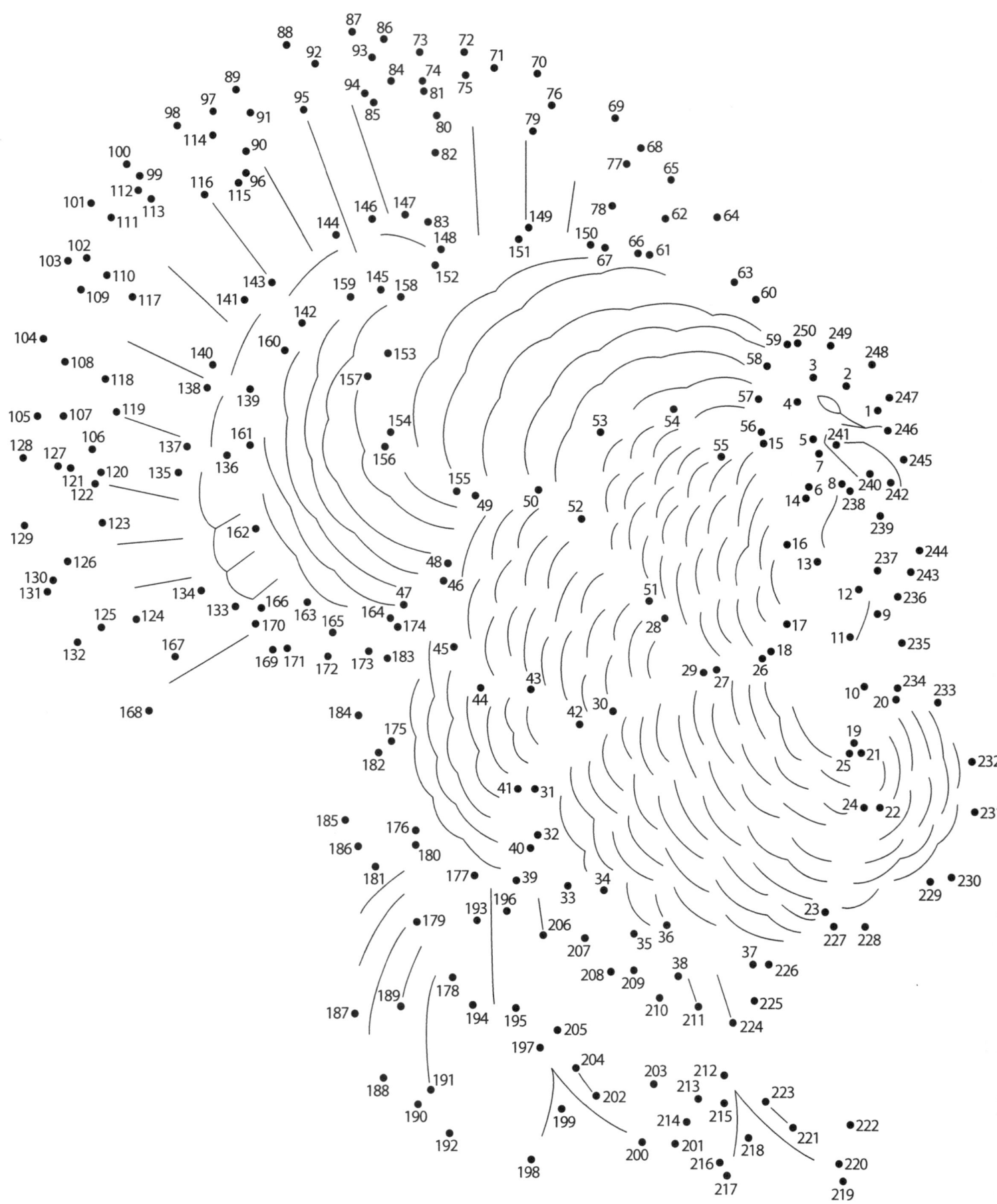

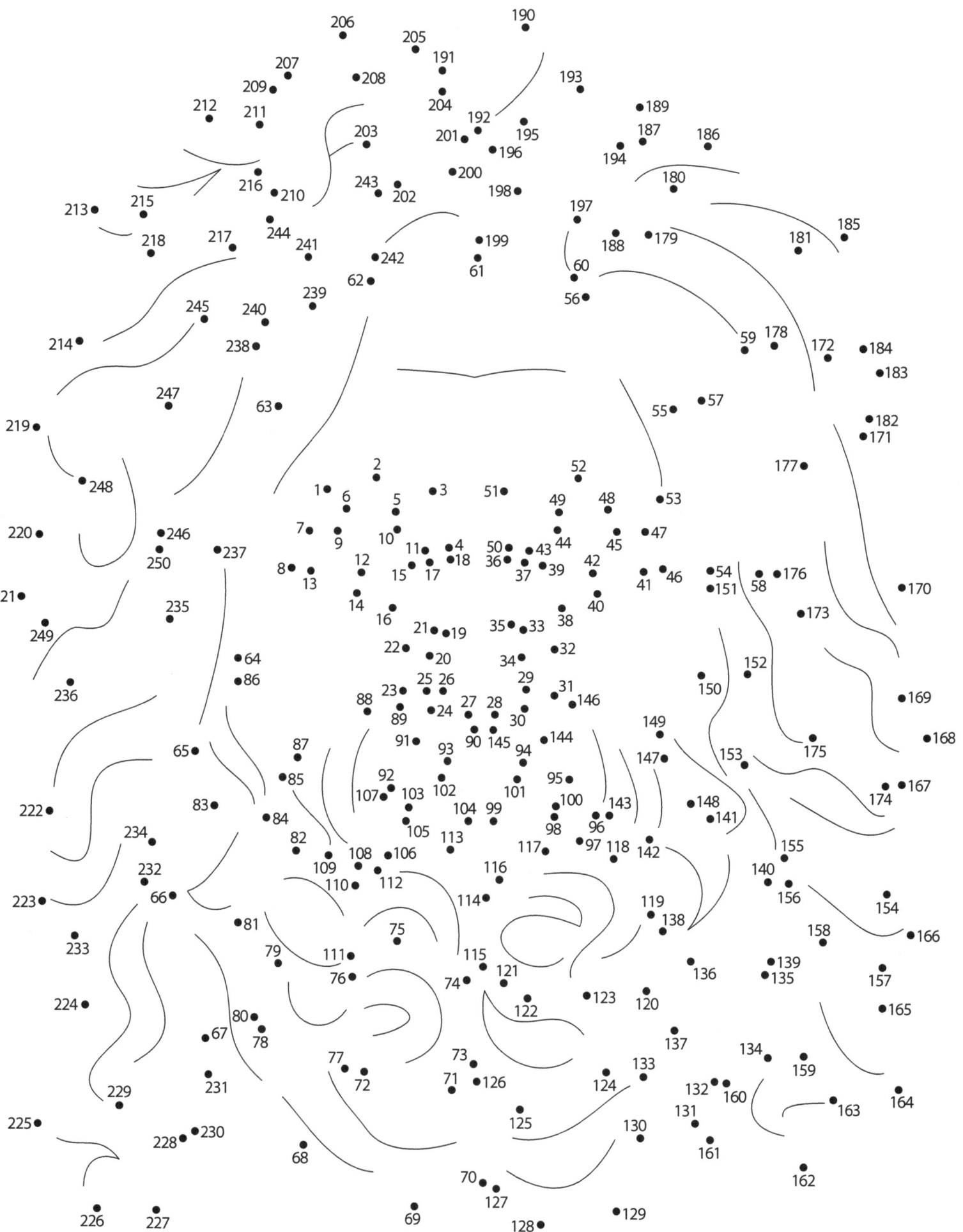

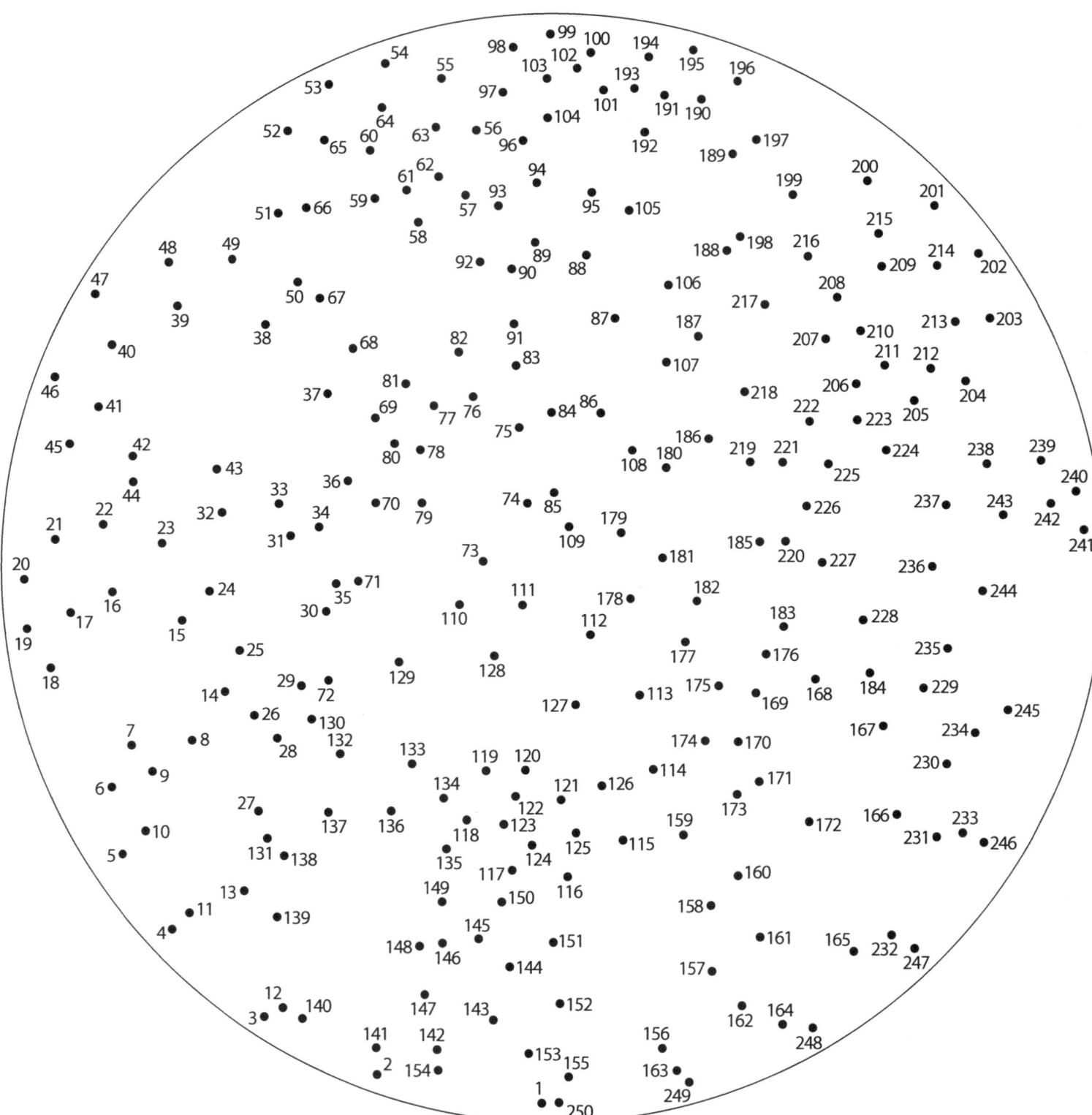

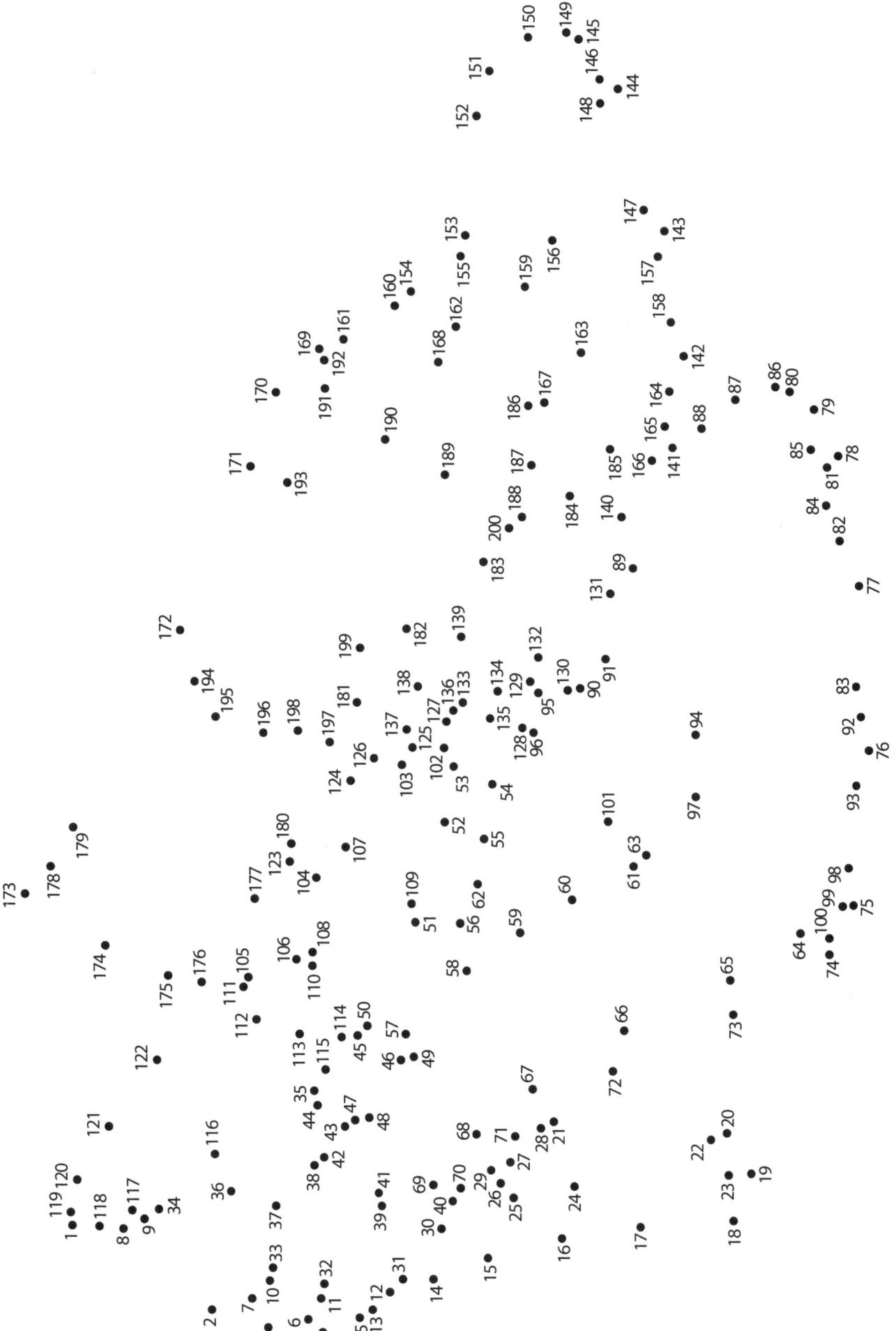

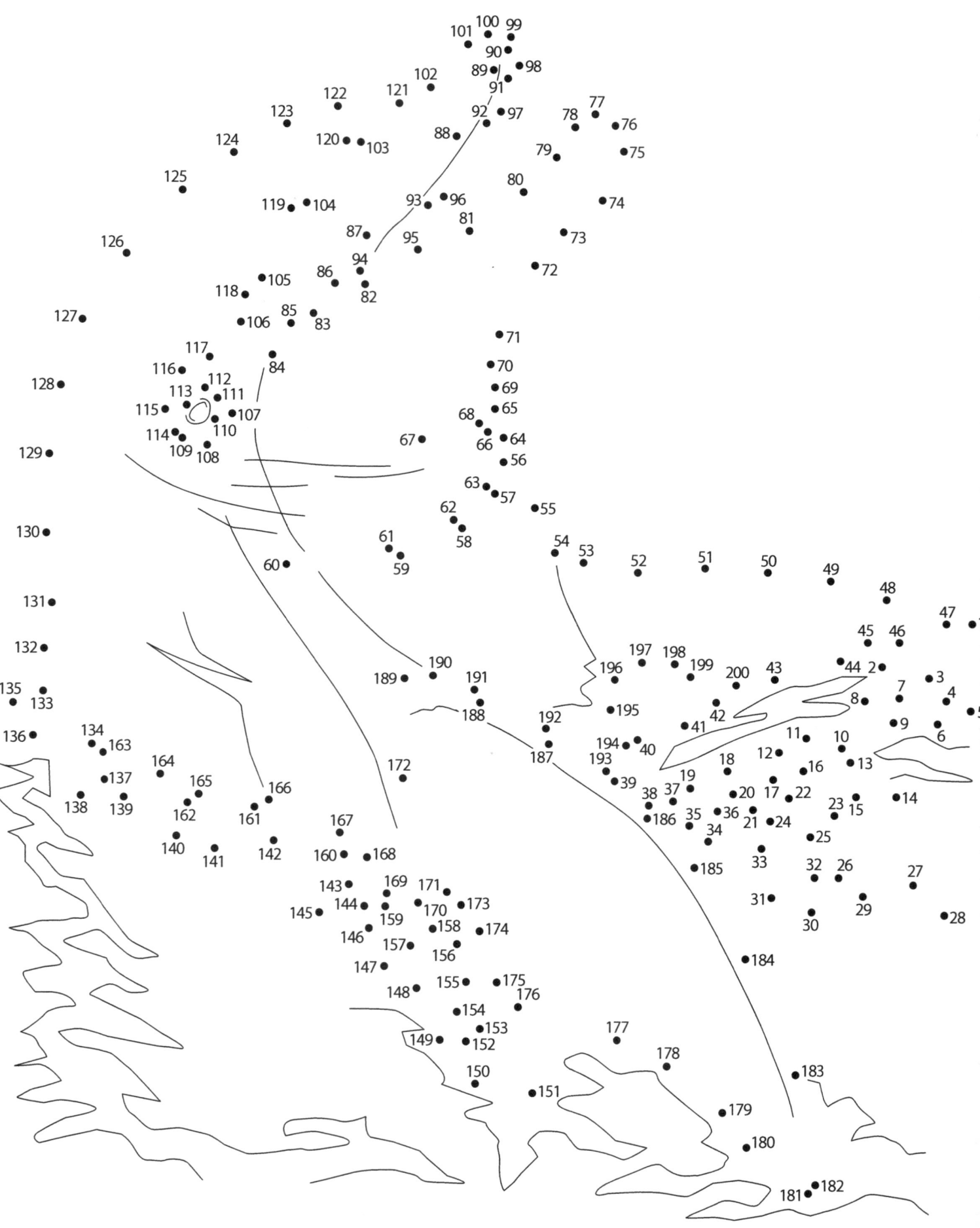

84

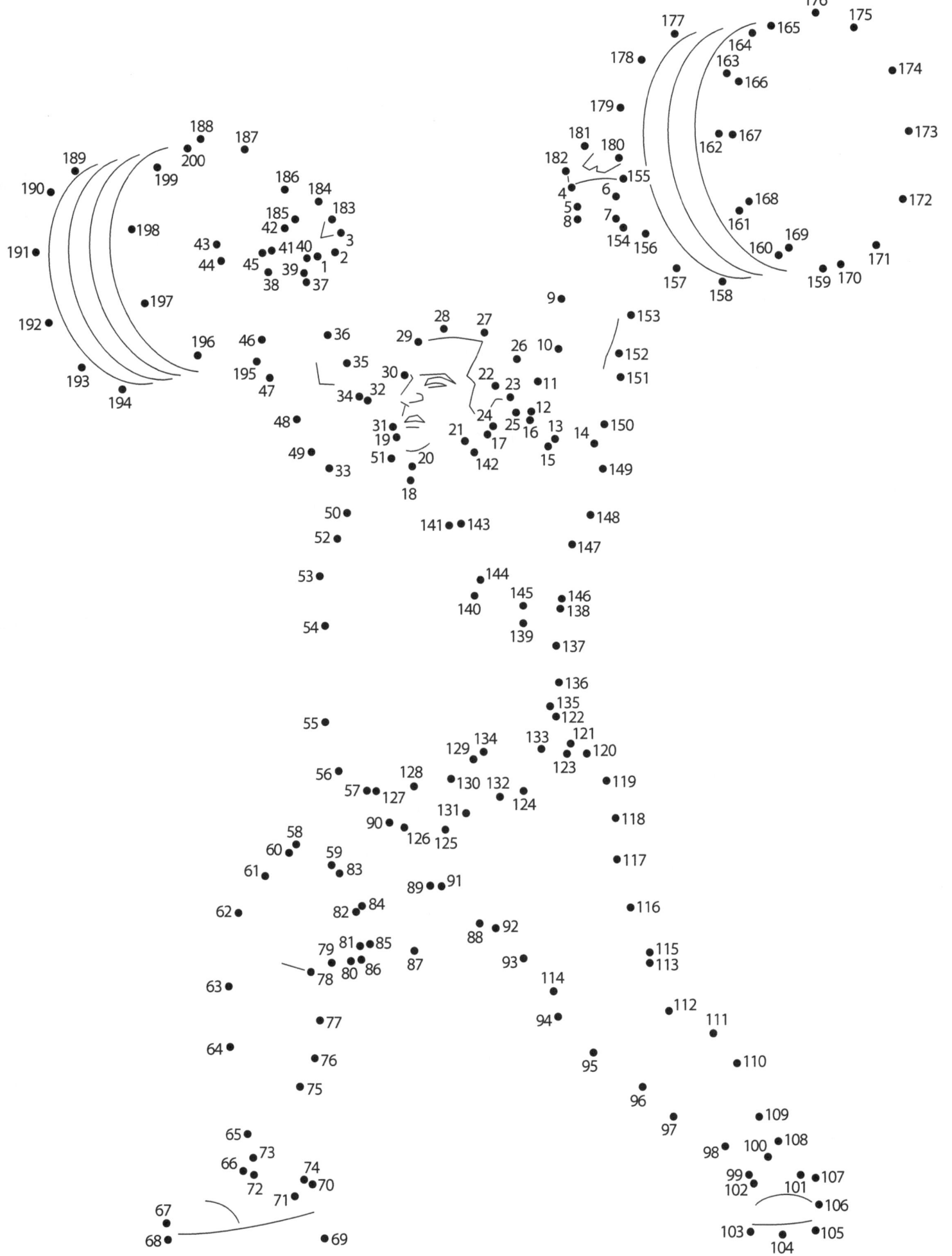

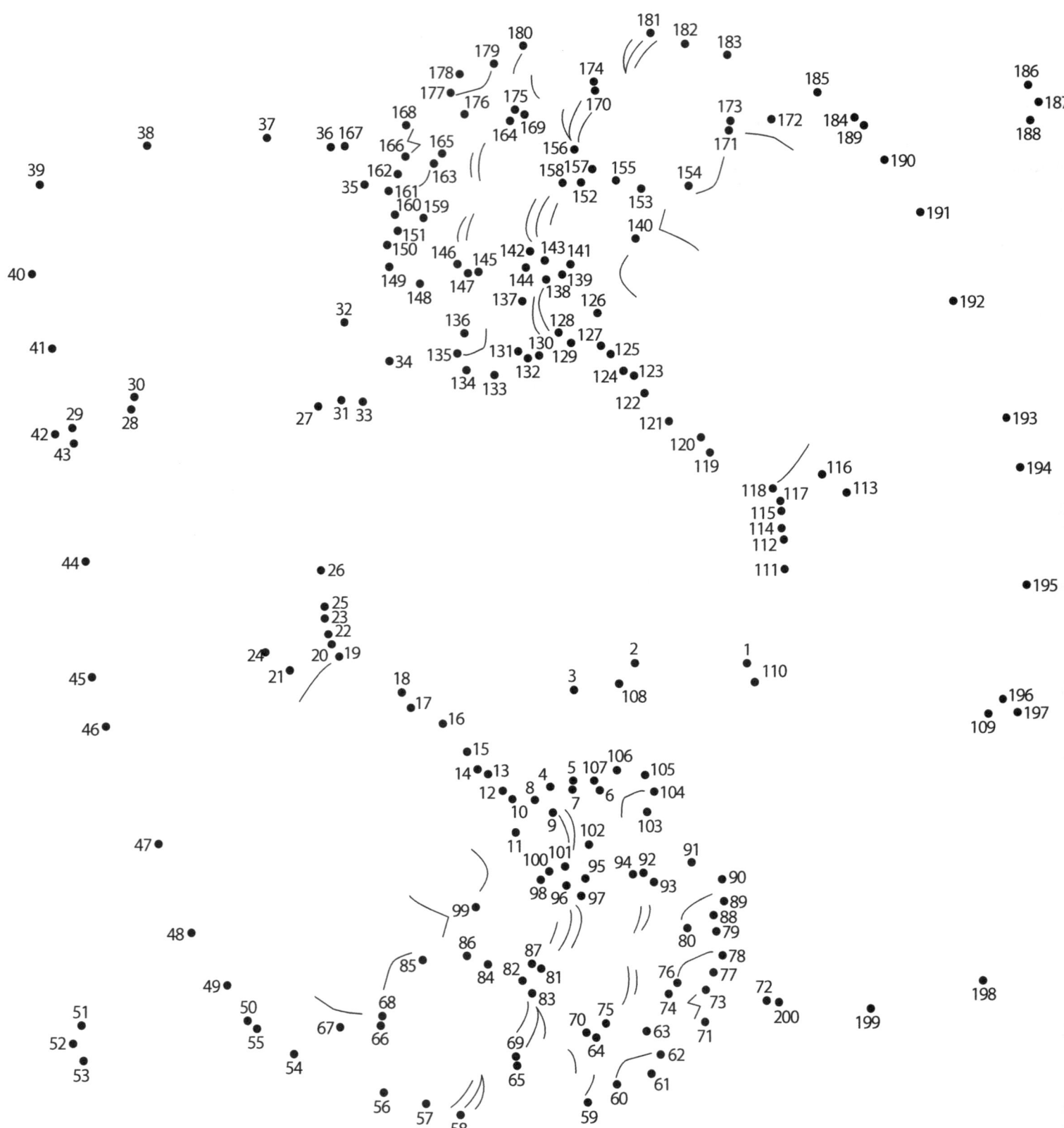

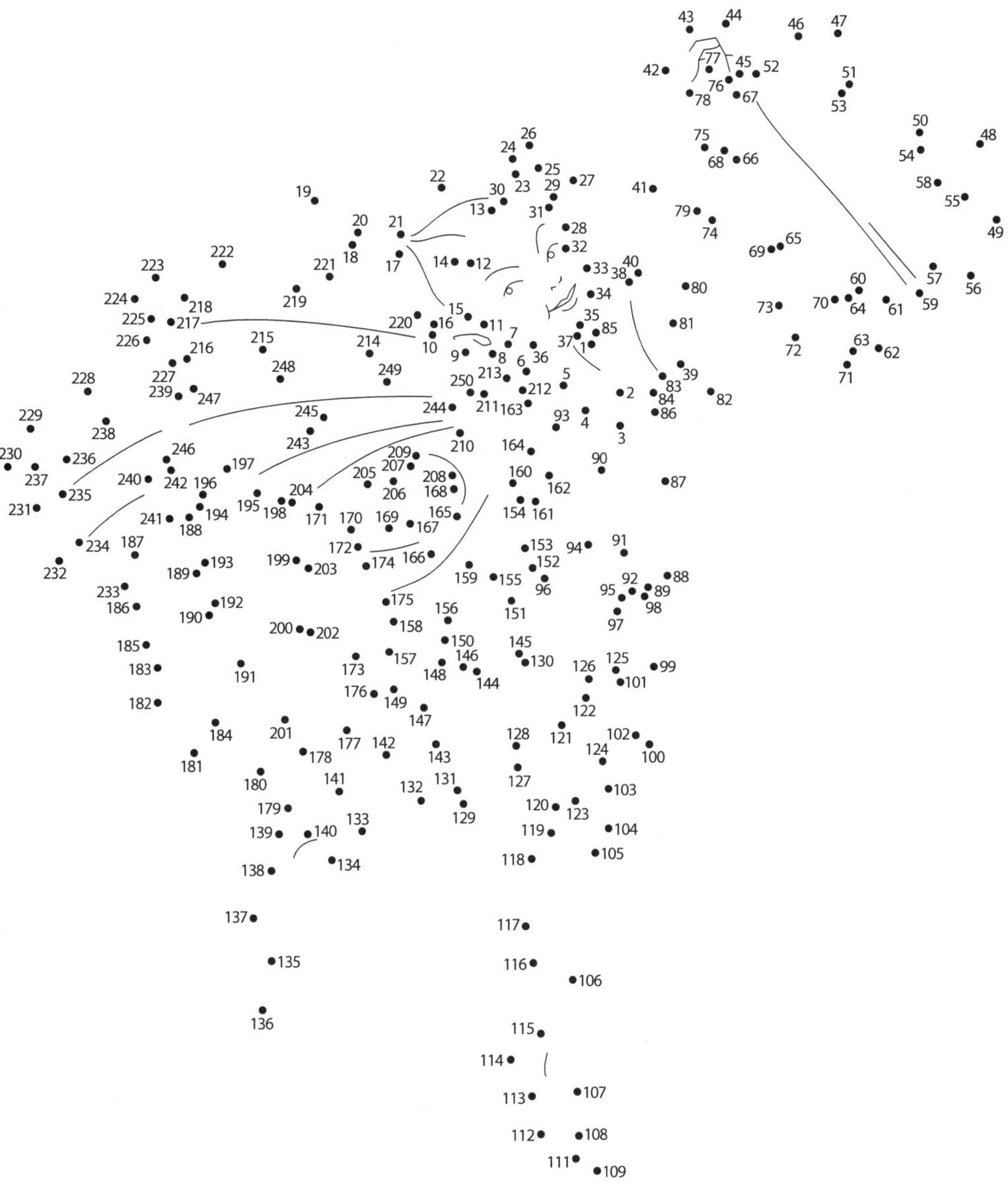

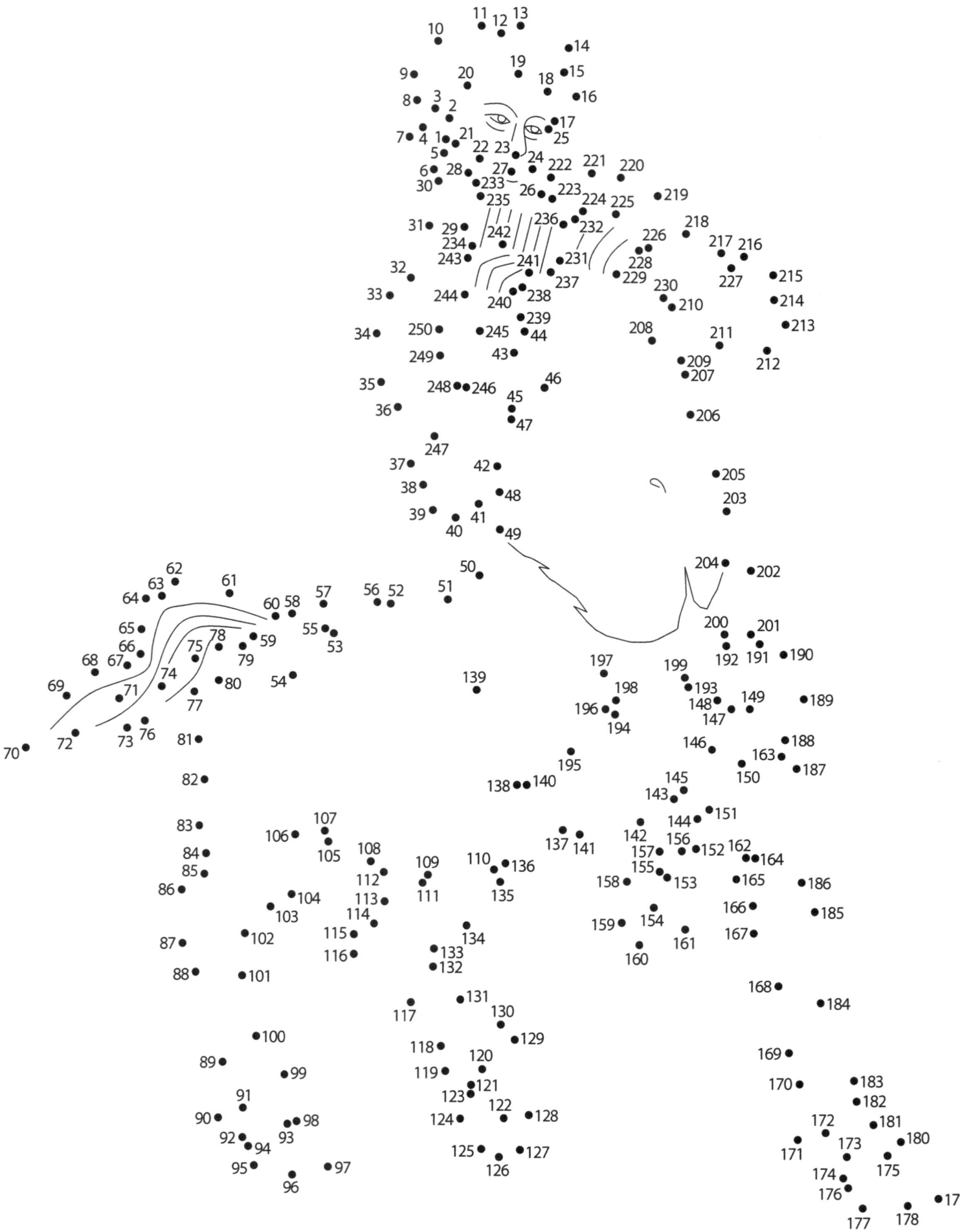

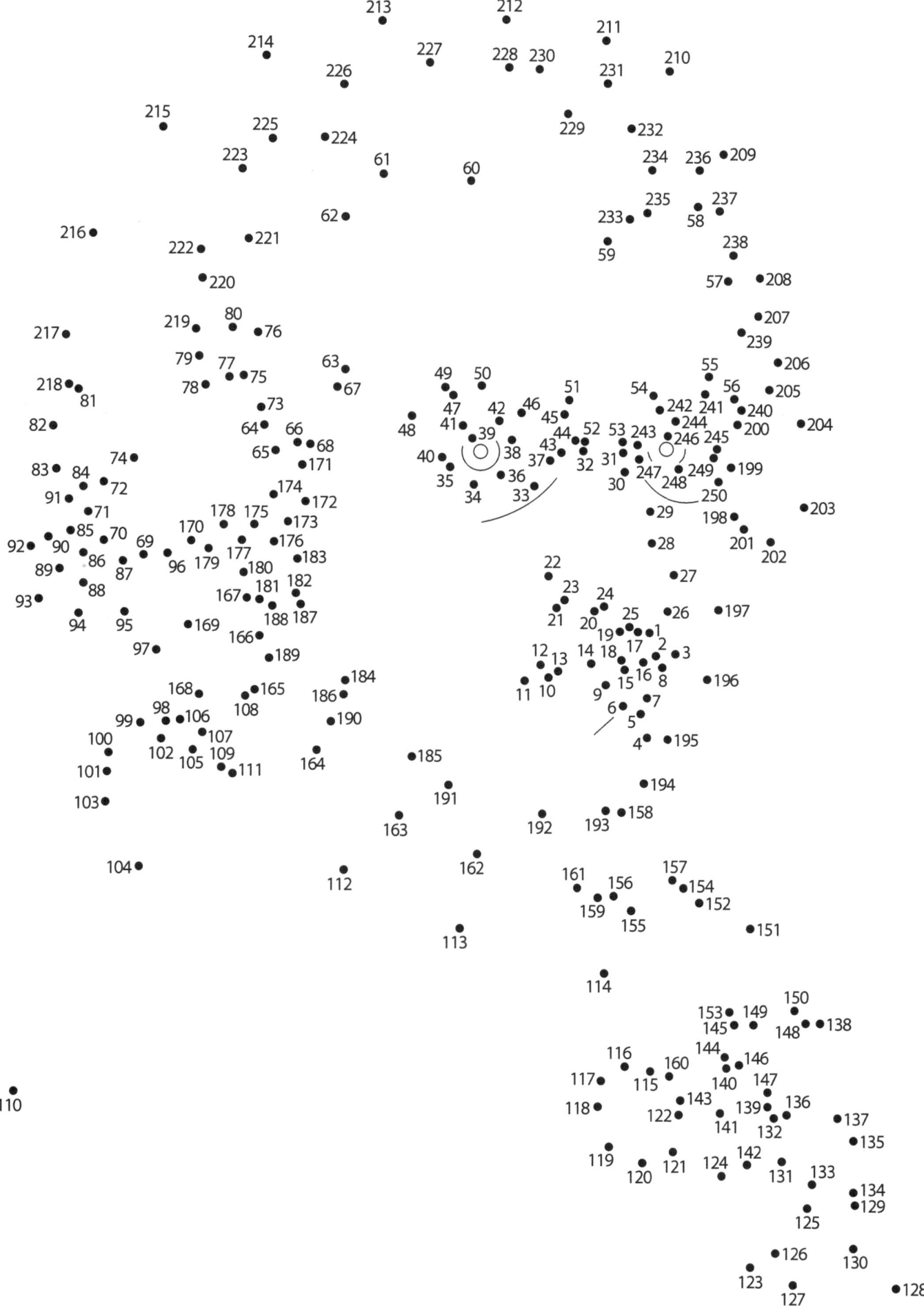

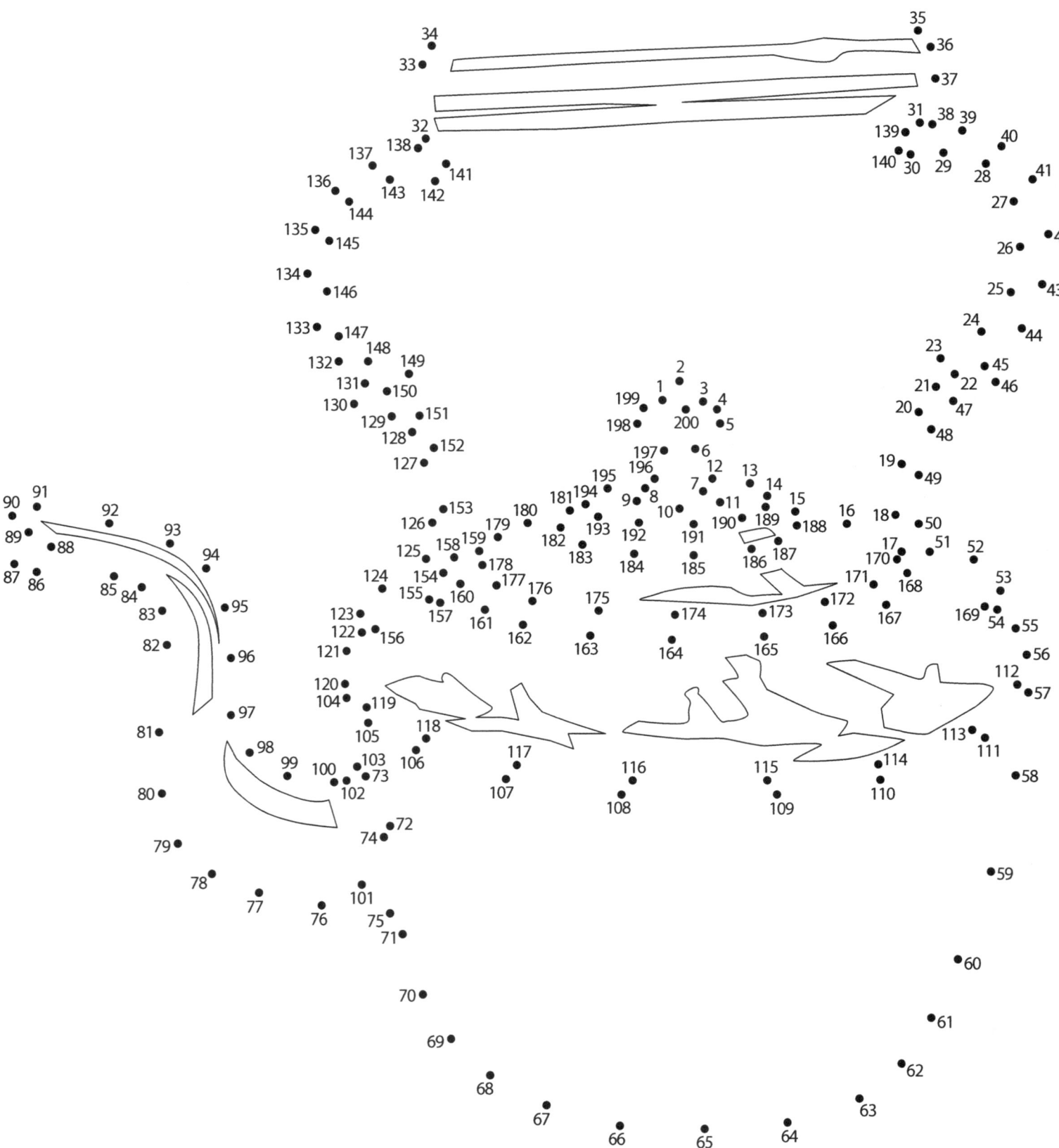

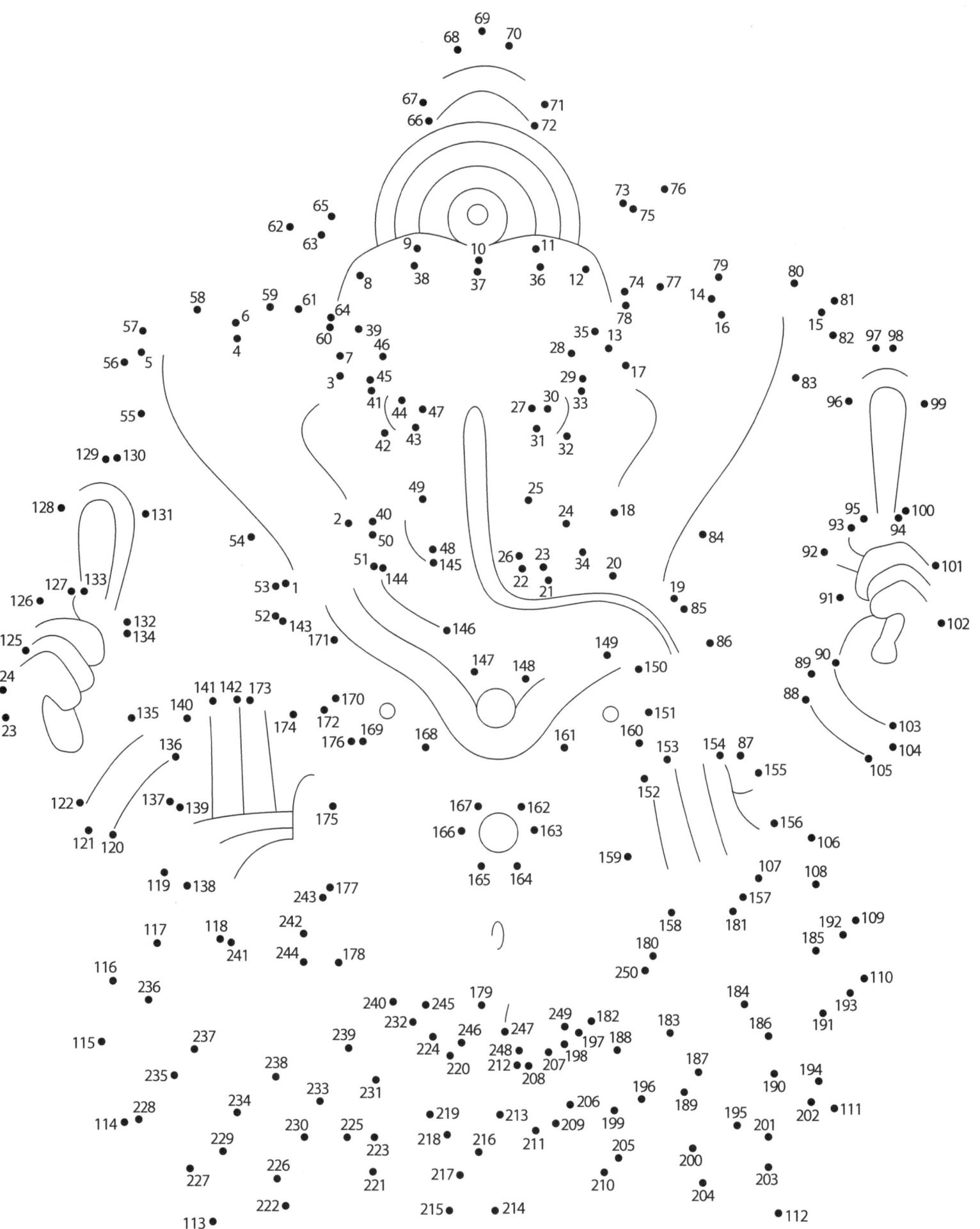

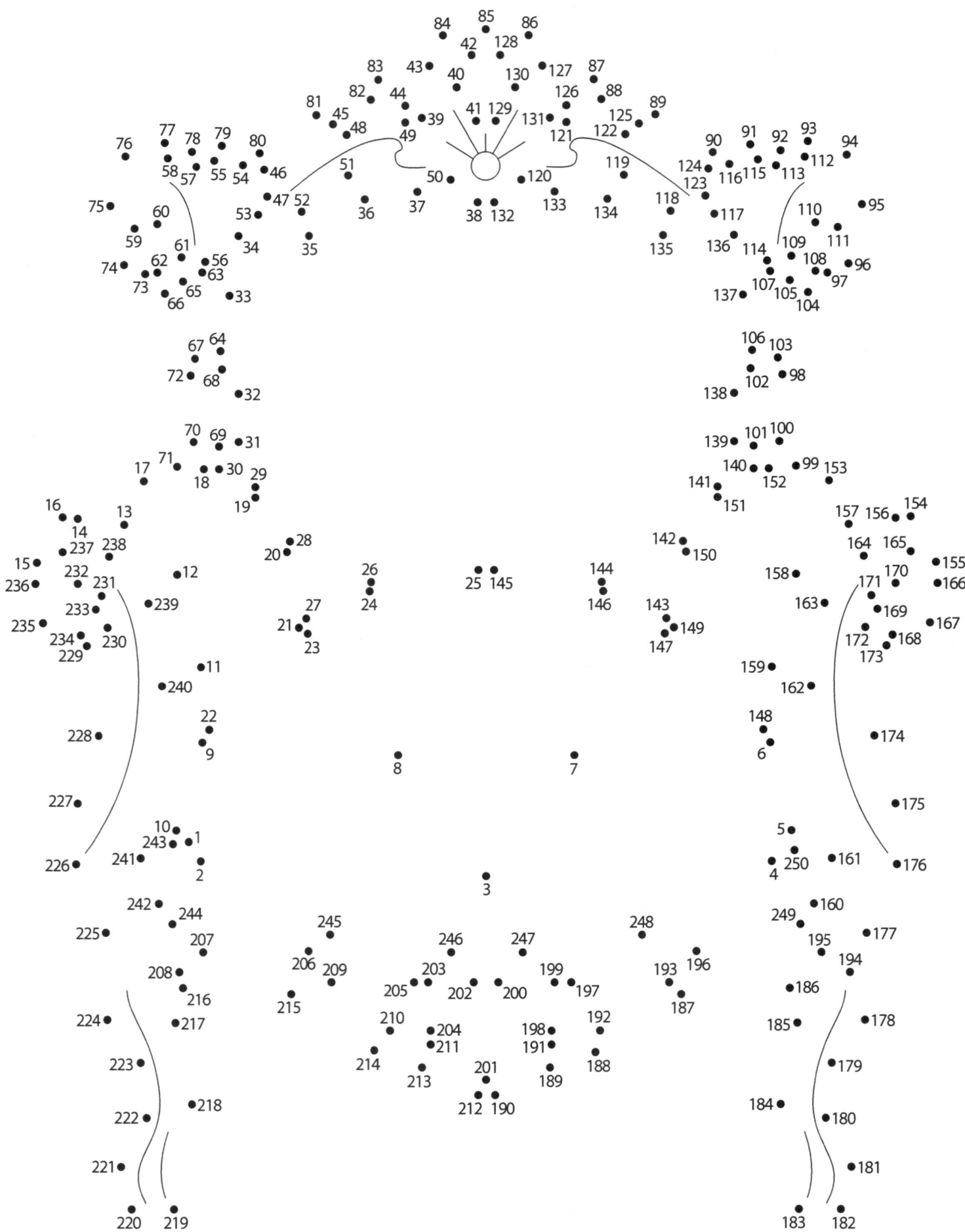

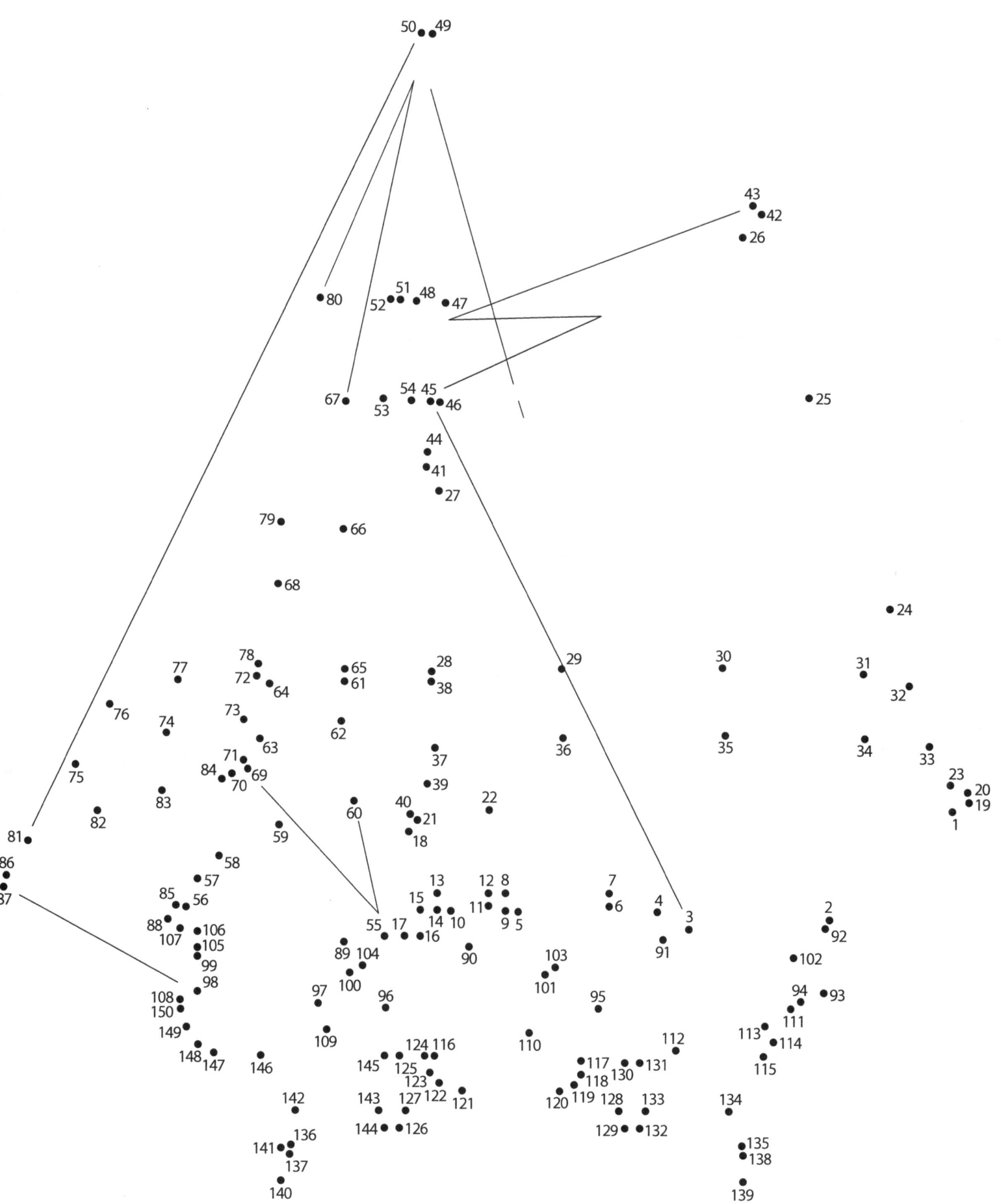

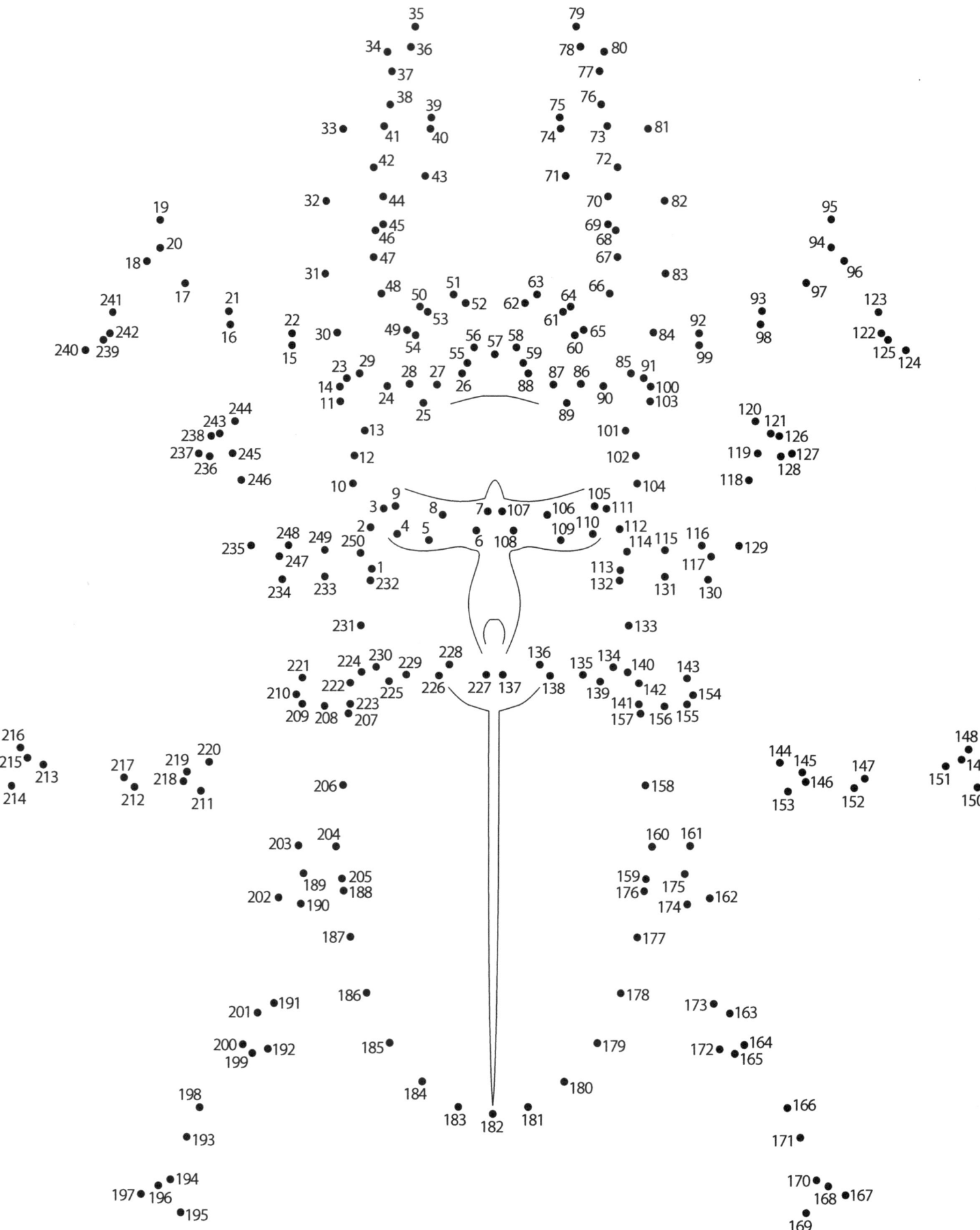

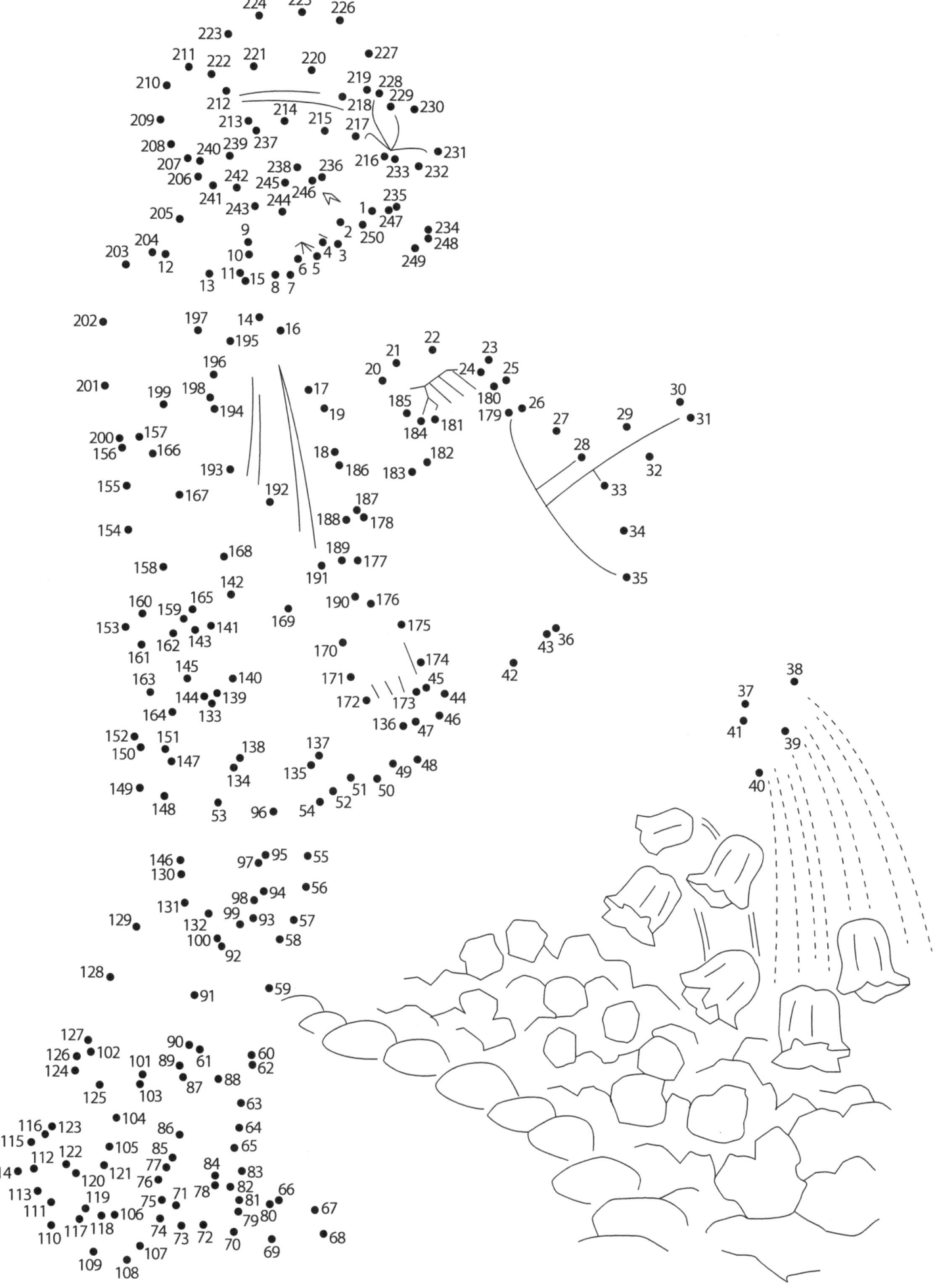

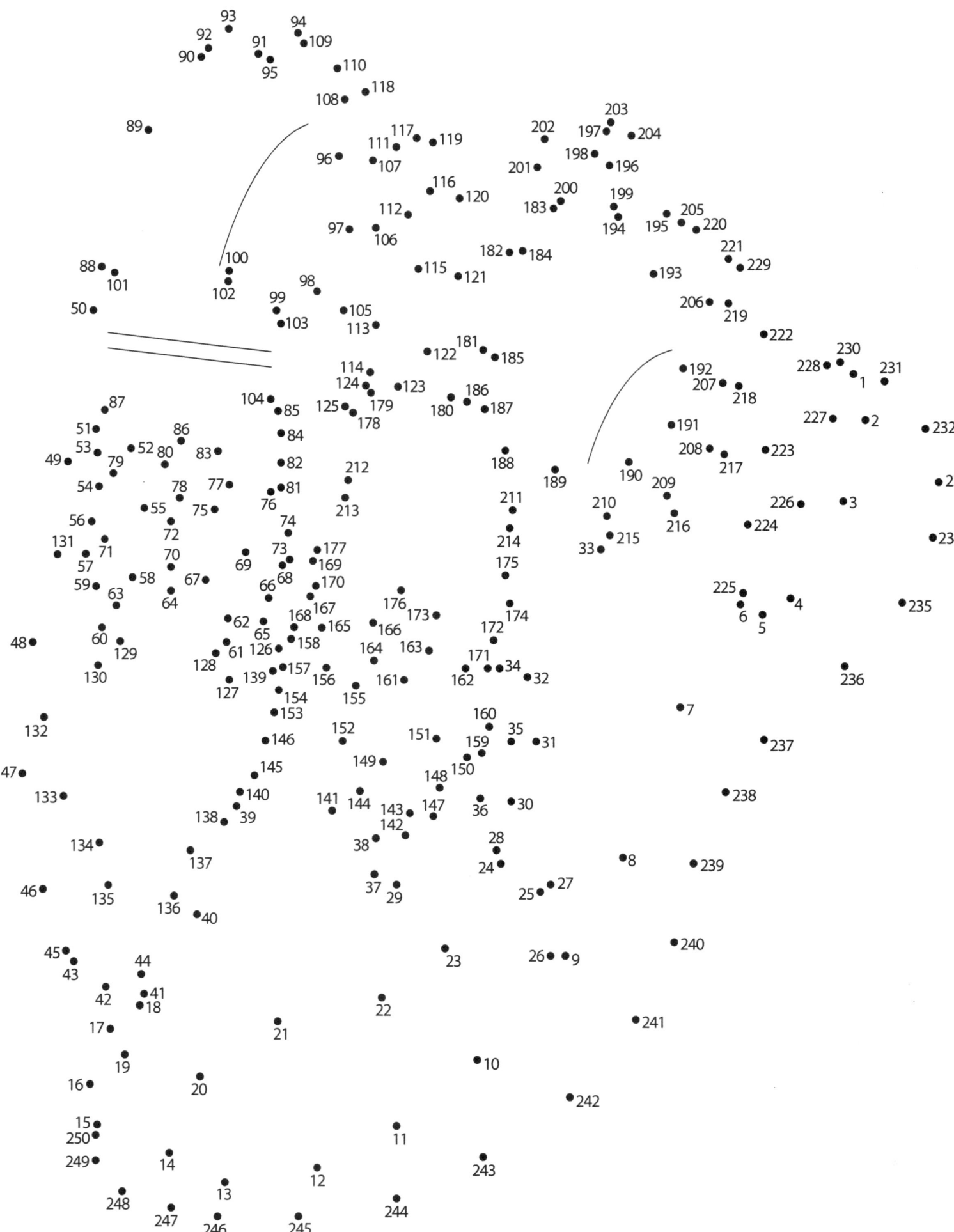

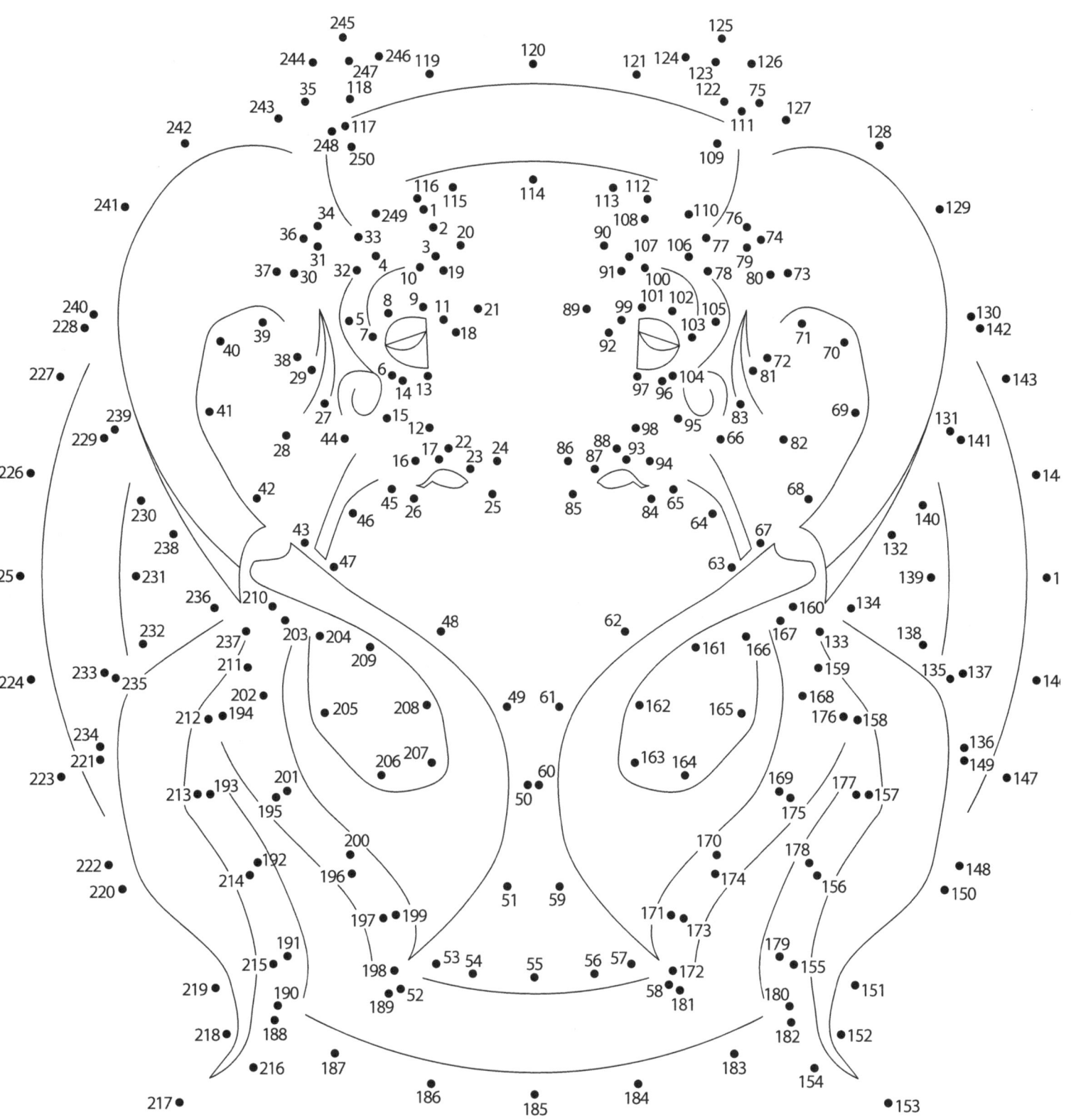

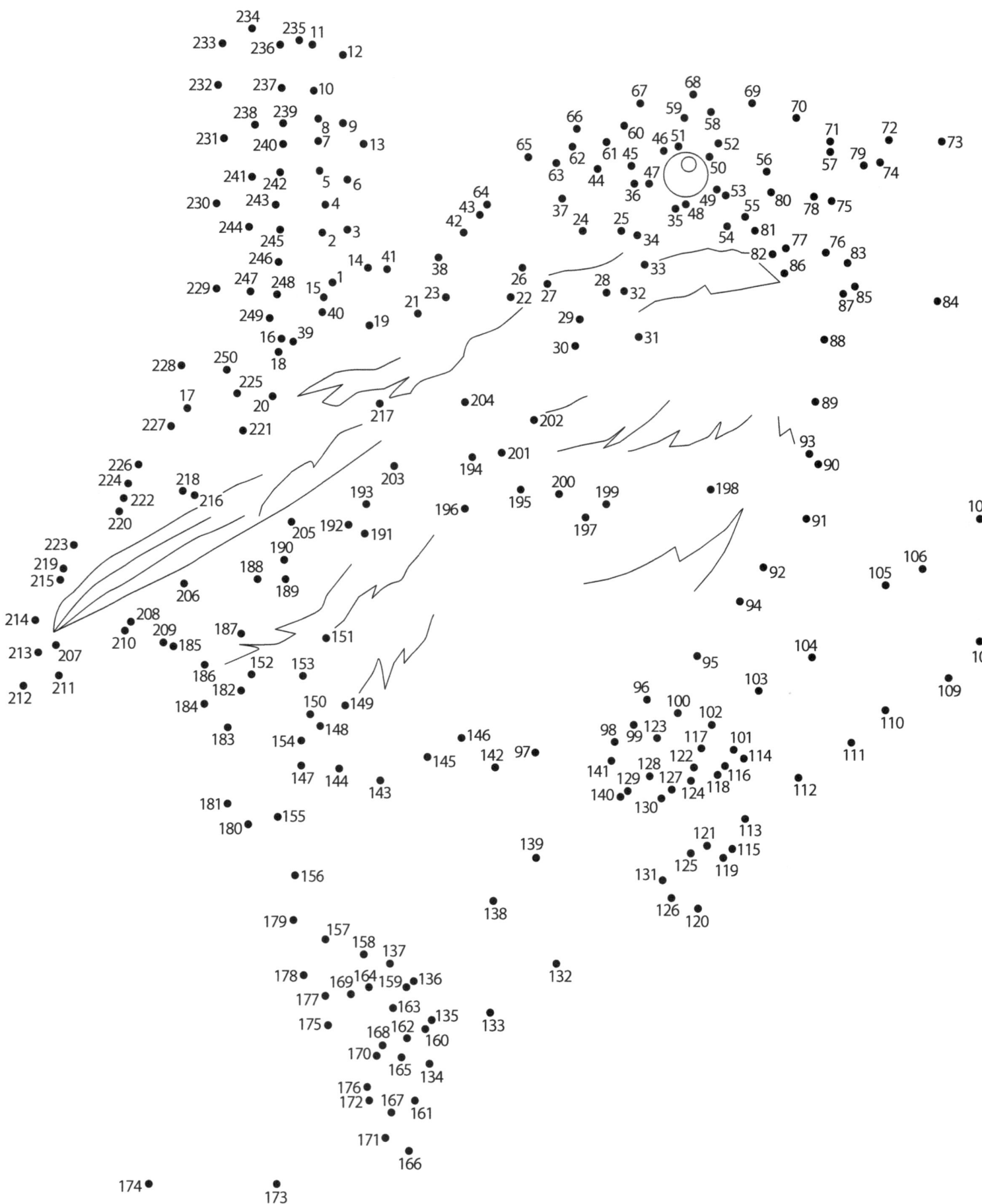

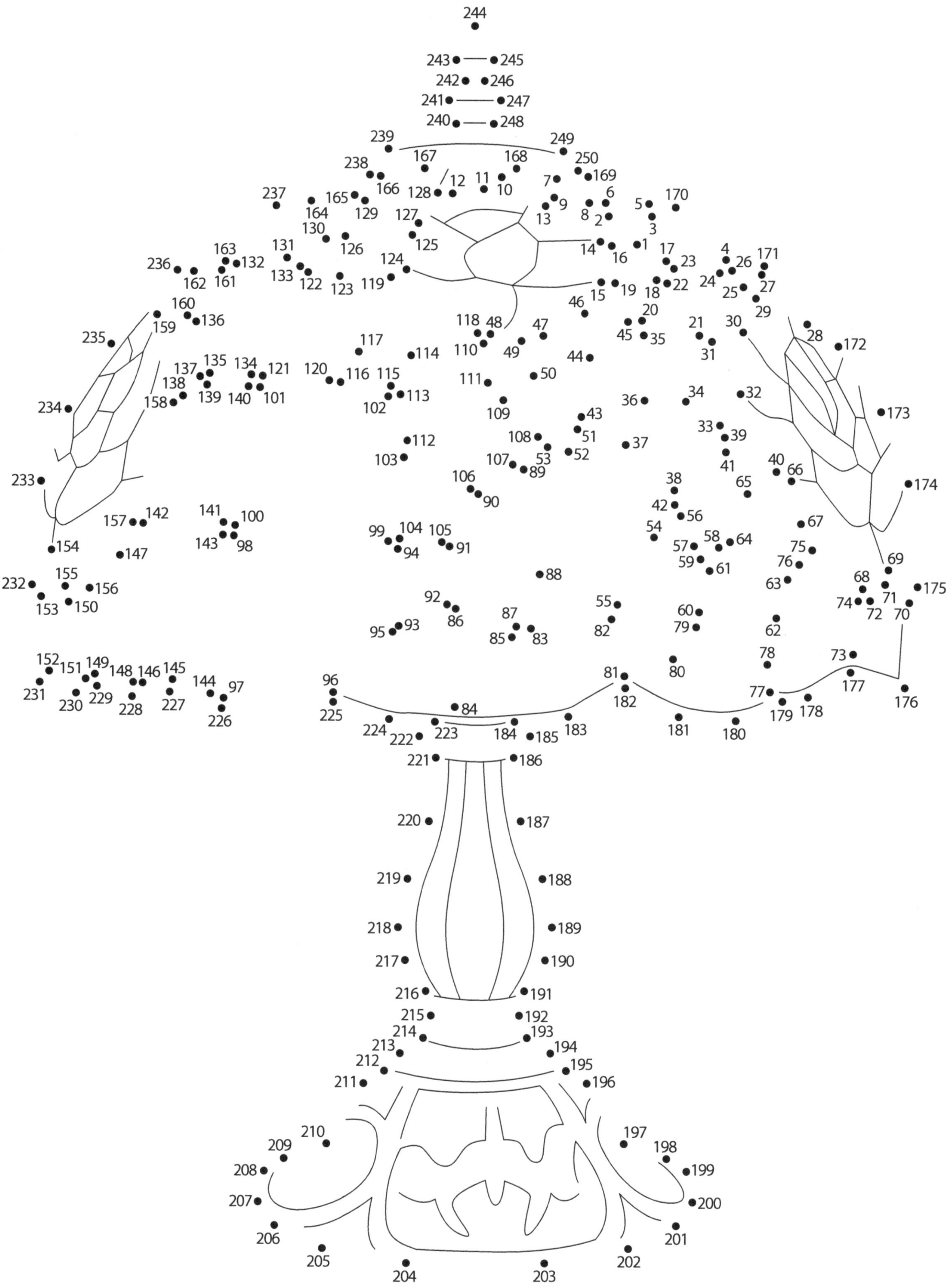

244

243 — 245
242 246
241 — 247
240 — 248

239
238
237
236
235
234
233
232
231
230
229
228
227
226

167 168
239 249 250
168 169
128 12 11 7 6 170
166 10 9 8 5
129 13 2 3
165 127 14 16 1 17 4 26 171
164 125 23 24 25 27
130 126 124 15 19 18 22 29
163 131 133 122 123 119 46 20 21 30 28 172
162 161 132 118 48 47 45 35 31
160 136 110 49 44 173
159 117 111 50 34 32
137 135 134 121 114 36 33 39
138 139 140 101 120 116 115 113 109 43 37 41 40 66 174
158 102 112 51 52 65 42 67
103 108 53 38 56 54 64 75 69
157 142 141 100 107 89 57 59 61 58 76 63 68 175
147 143 98 106 90 88 55 60 79 62 74 72 71 70 73 177
155 156 99 104 105 92 86 87 82 80 78 77 179 178 176
153 150 95 93 94 91 85 83 81 182 181 180

152 151 149 148 146 145 144 97
96 225 84 223 184 185 183

221 186
220 187
219 188
218 189
217 190
216 191
215 192
214 193
213 194
212 195
211 196

210 197
209 198
208 199
207 200
206 201
205 204 203 202

99

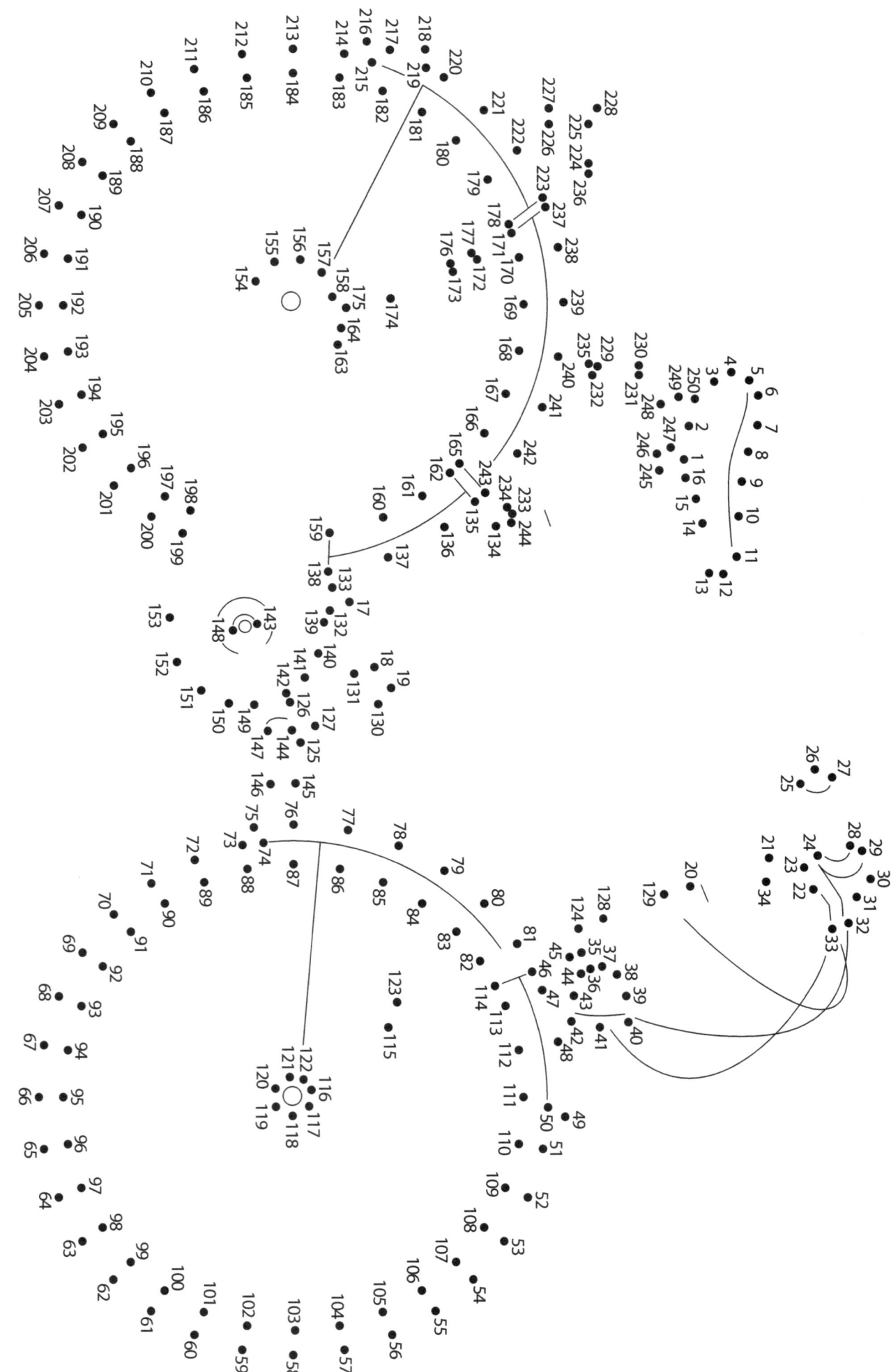

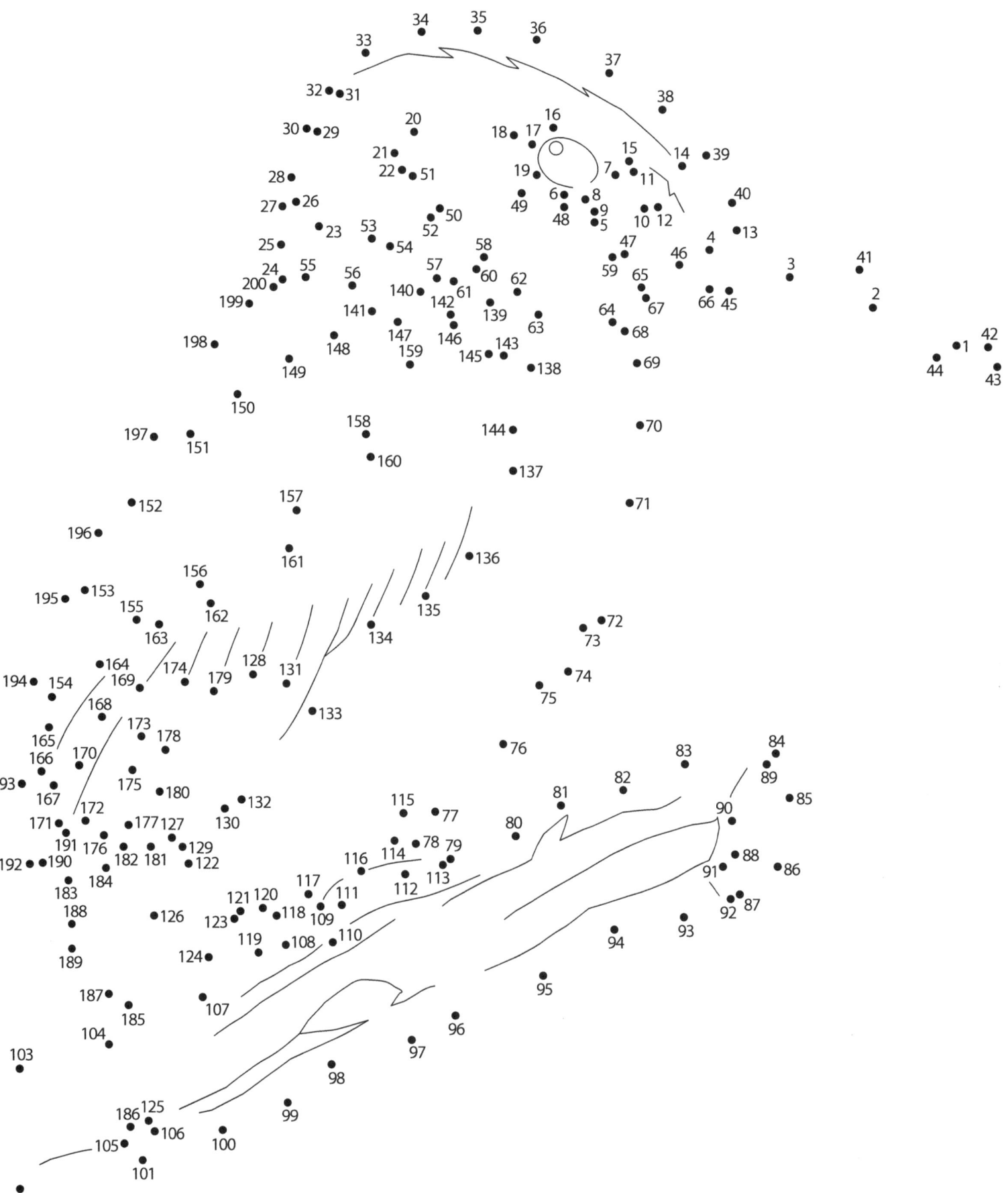

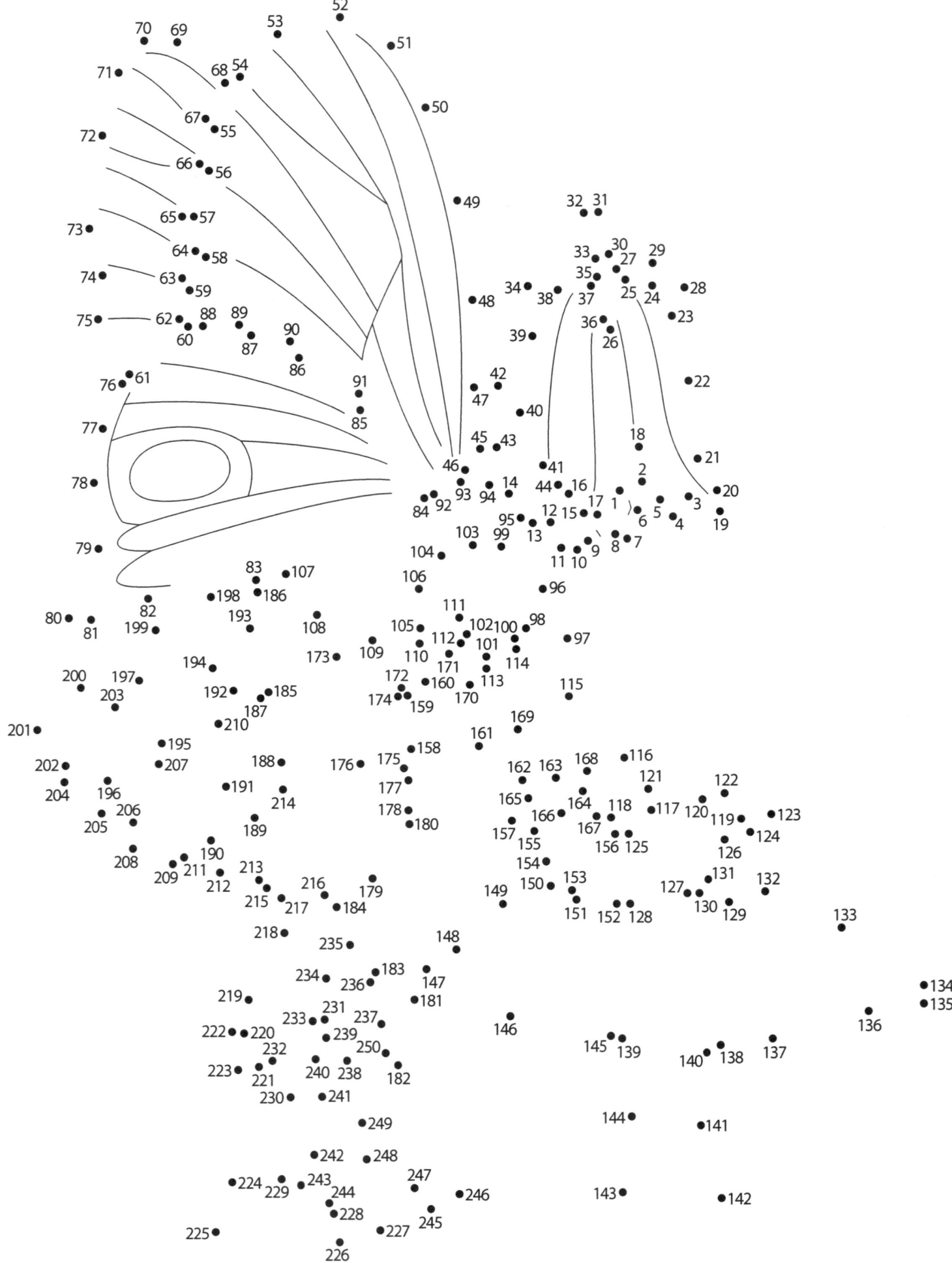

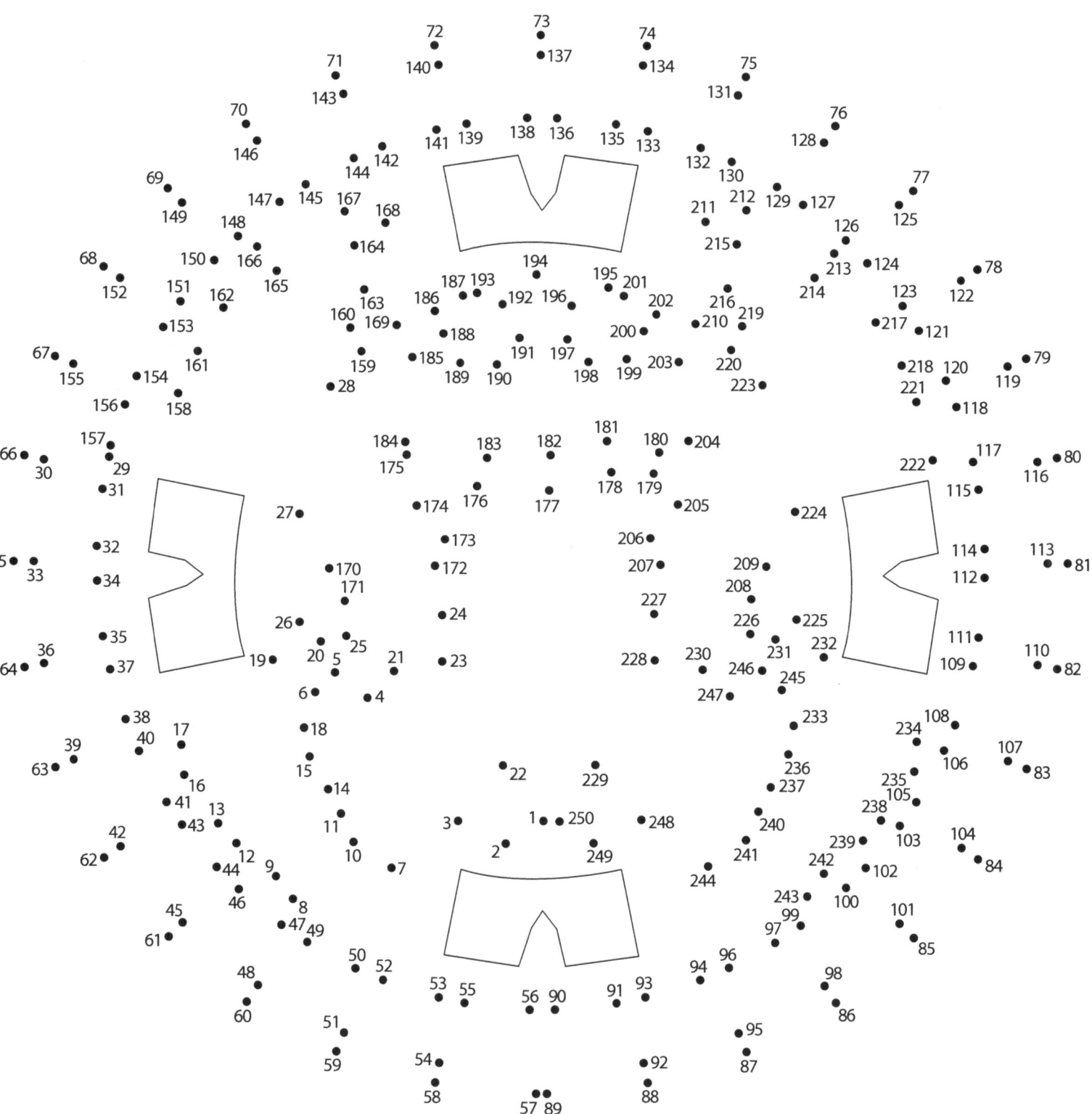

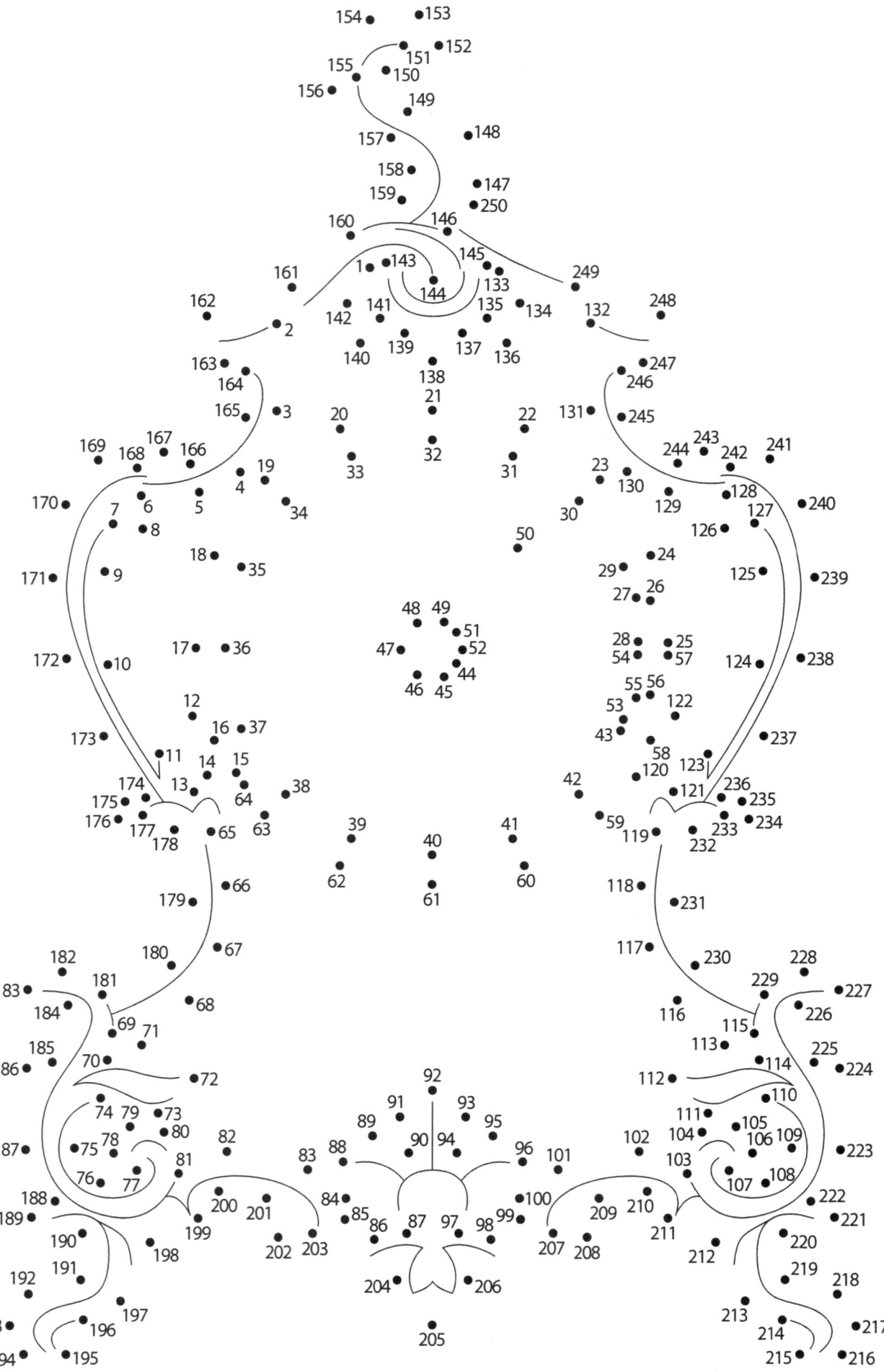

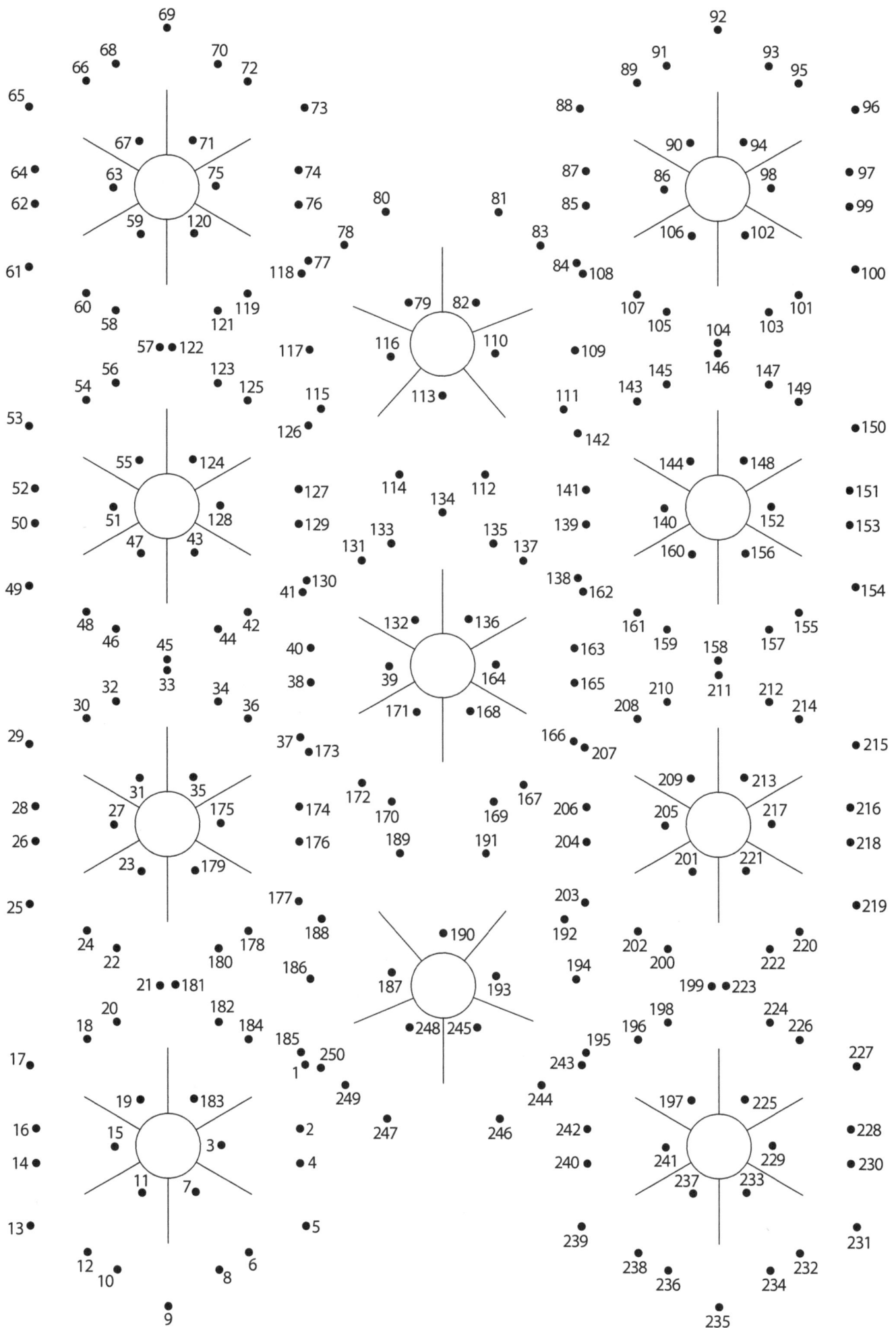

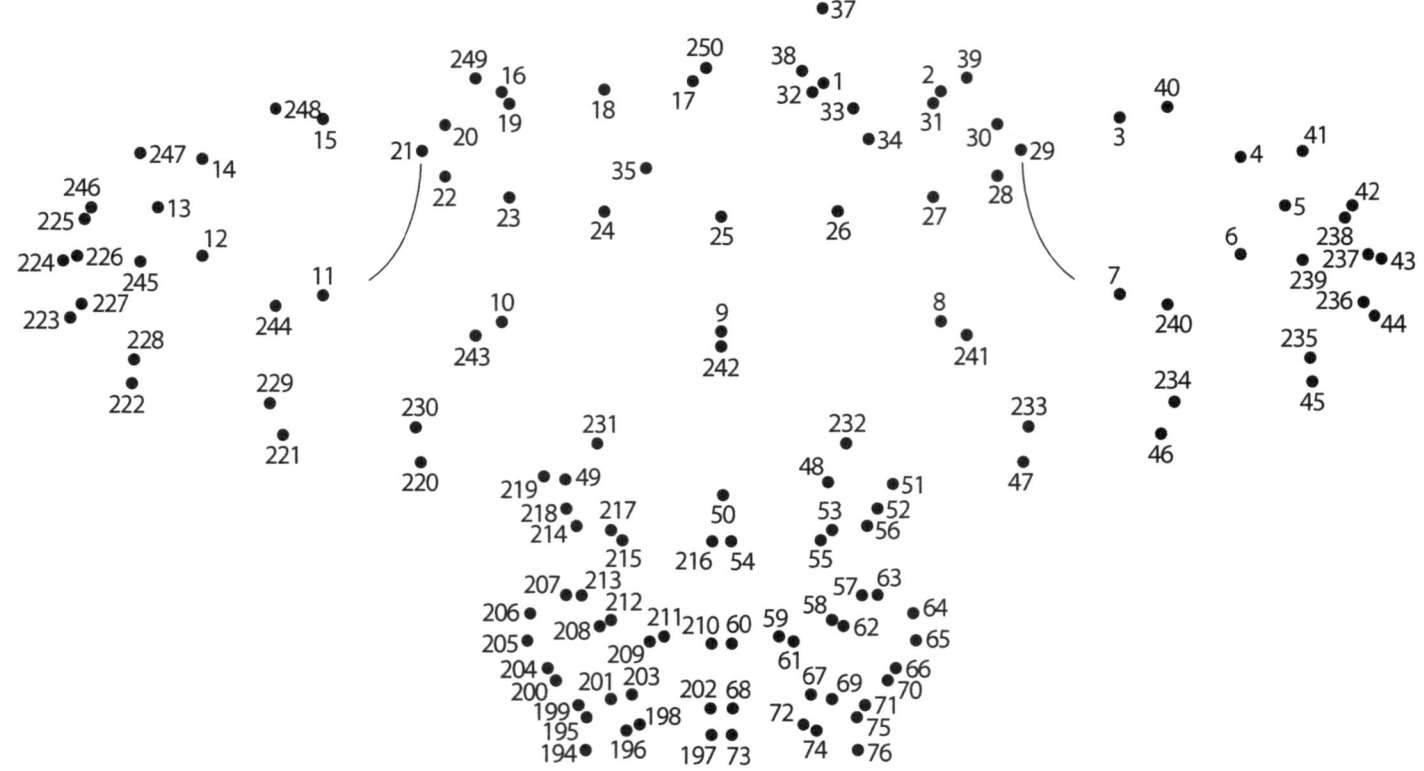
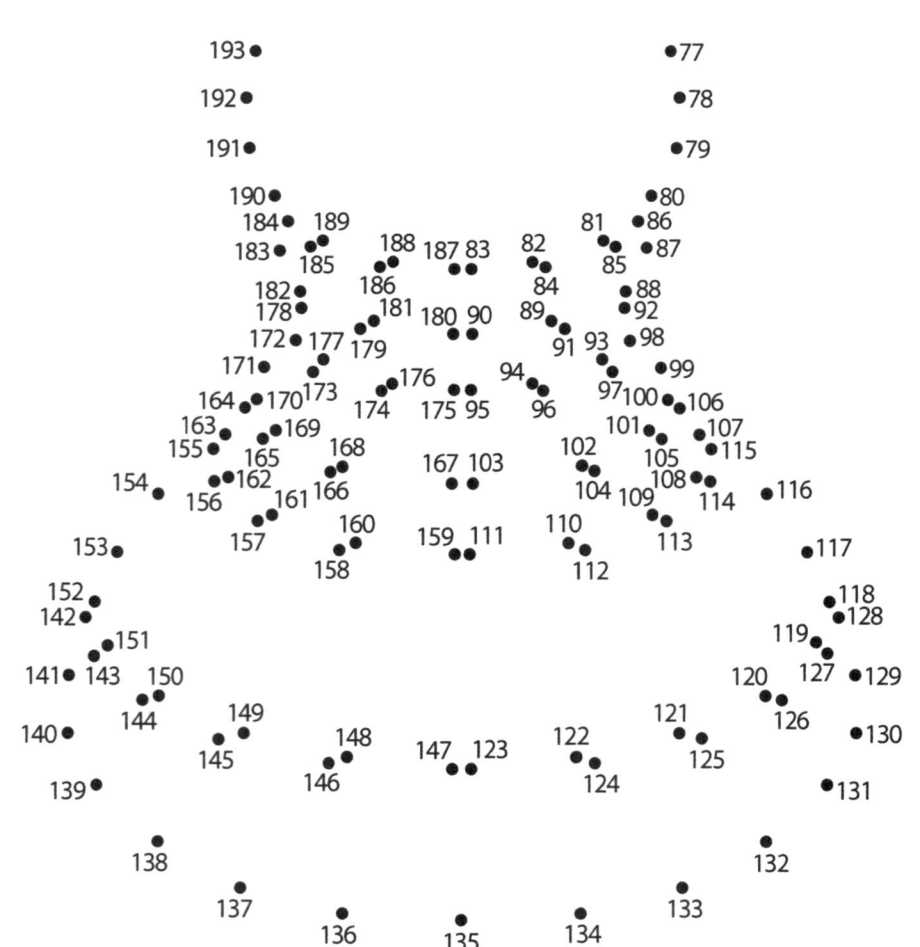

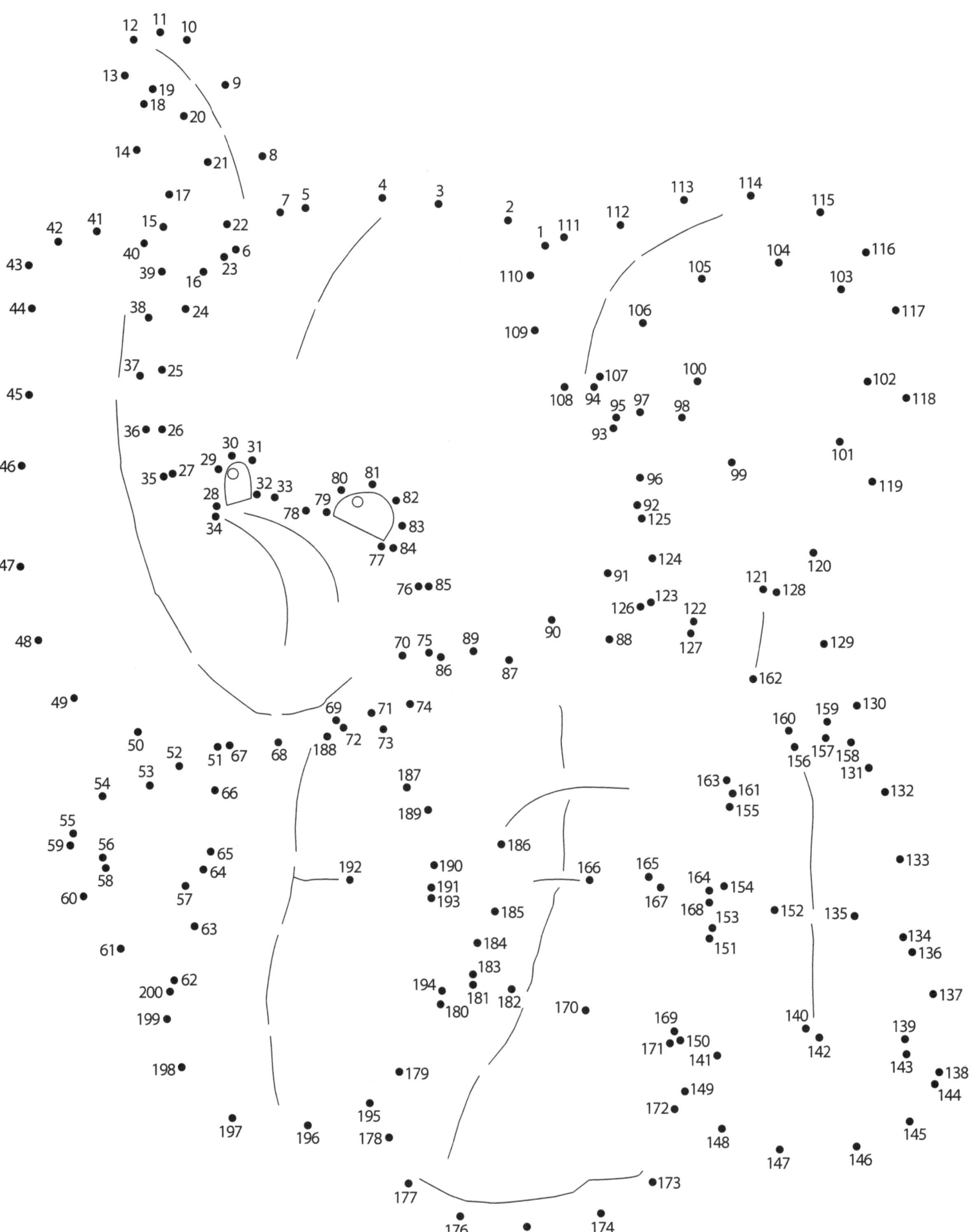

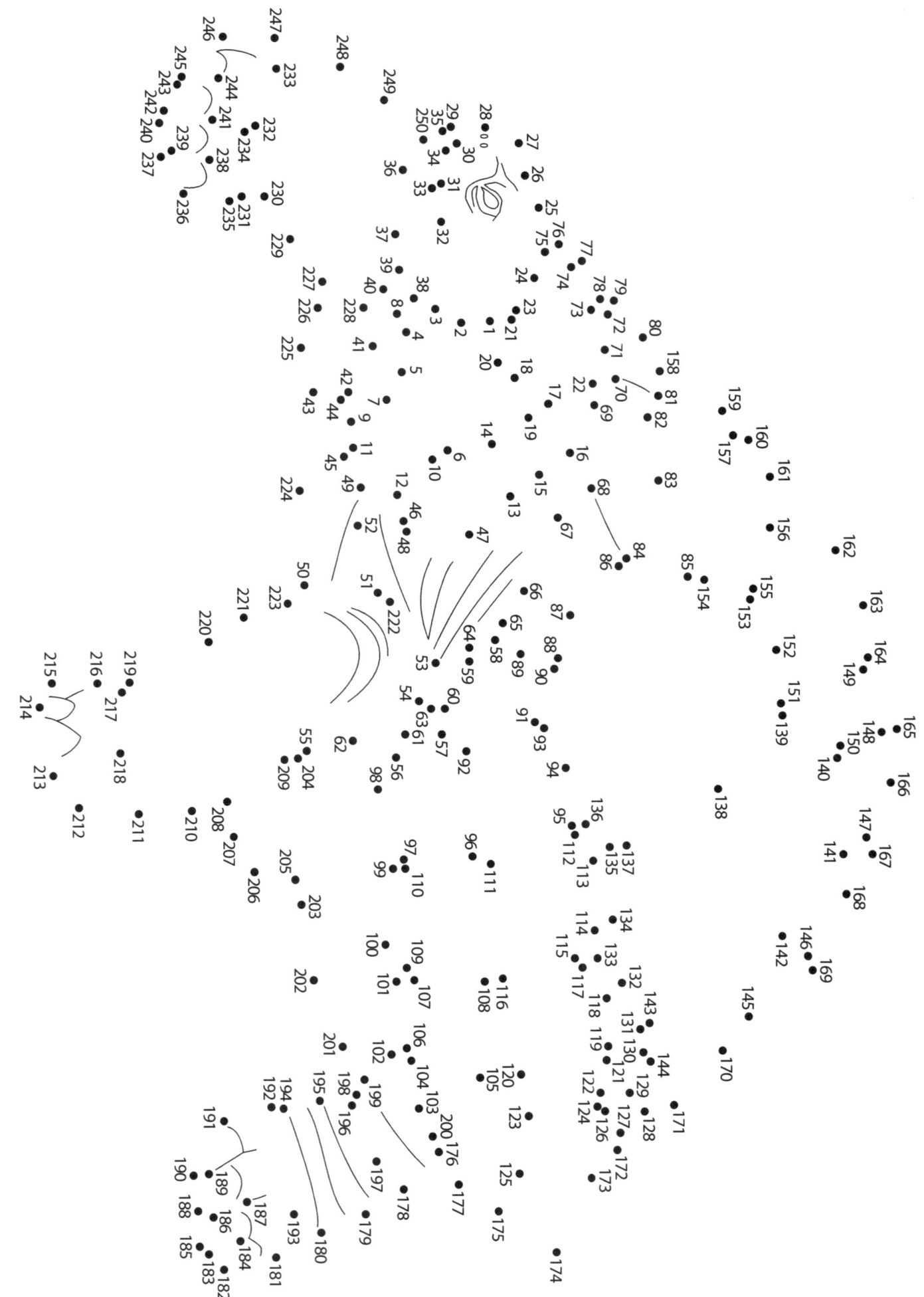

108

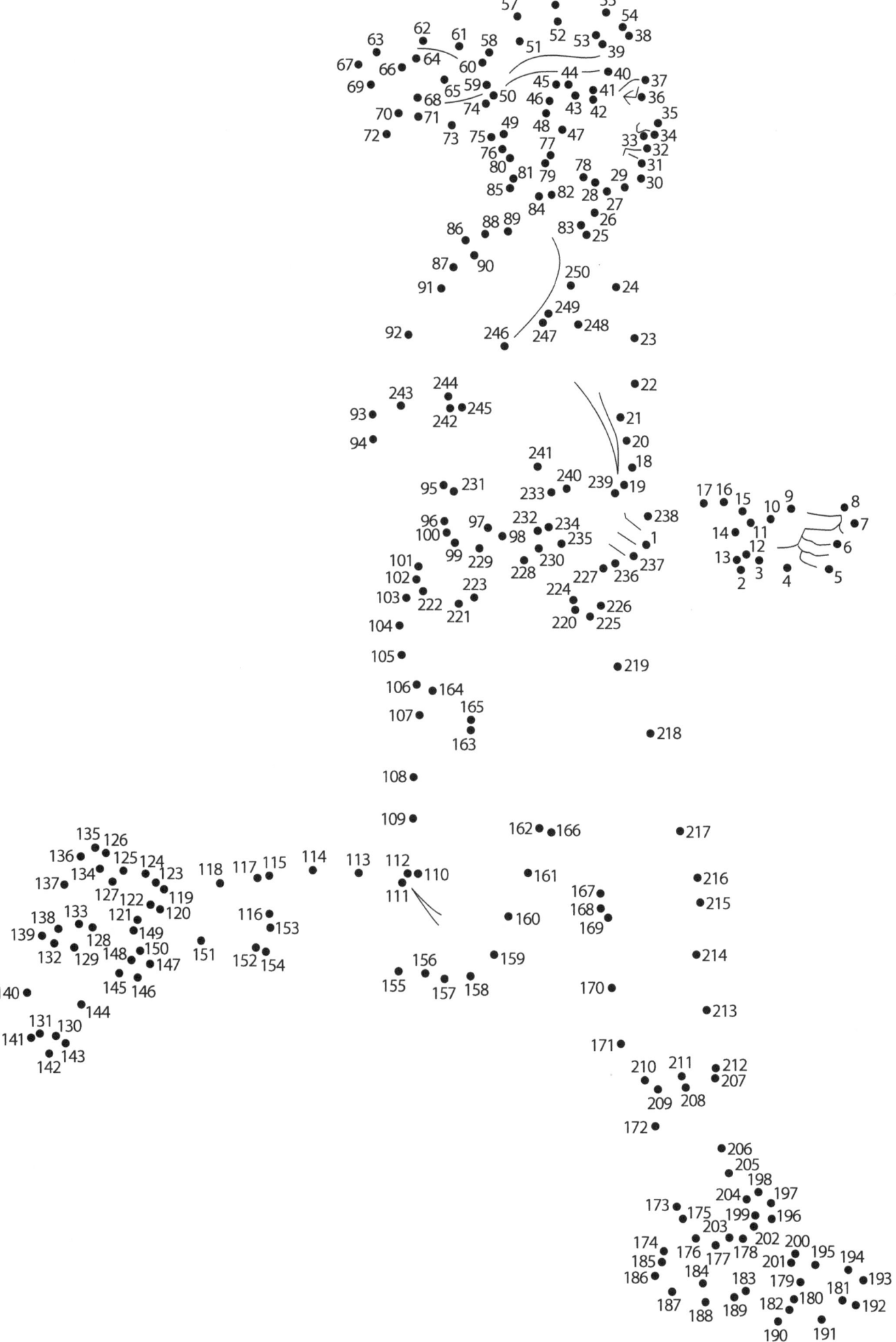

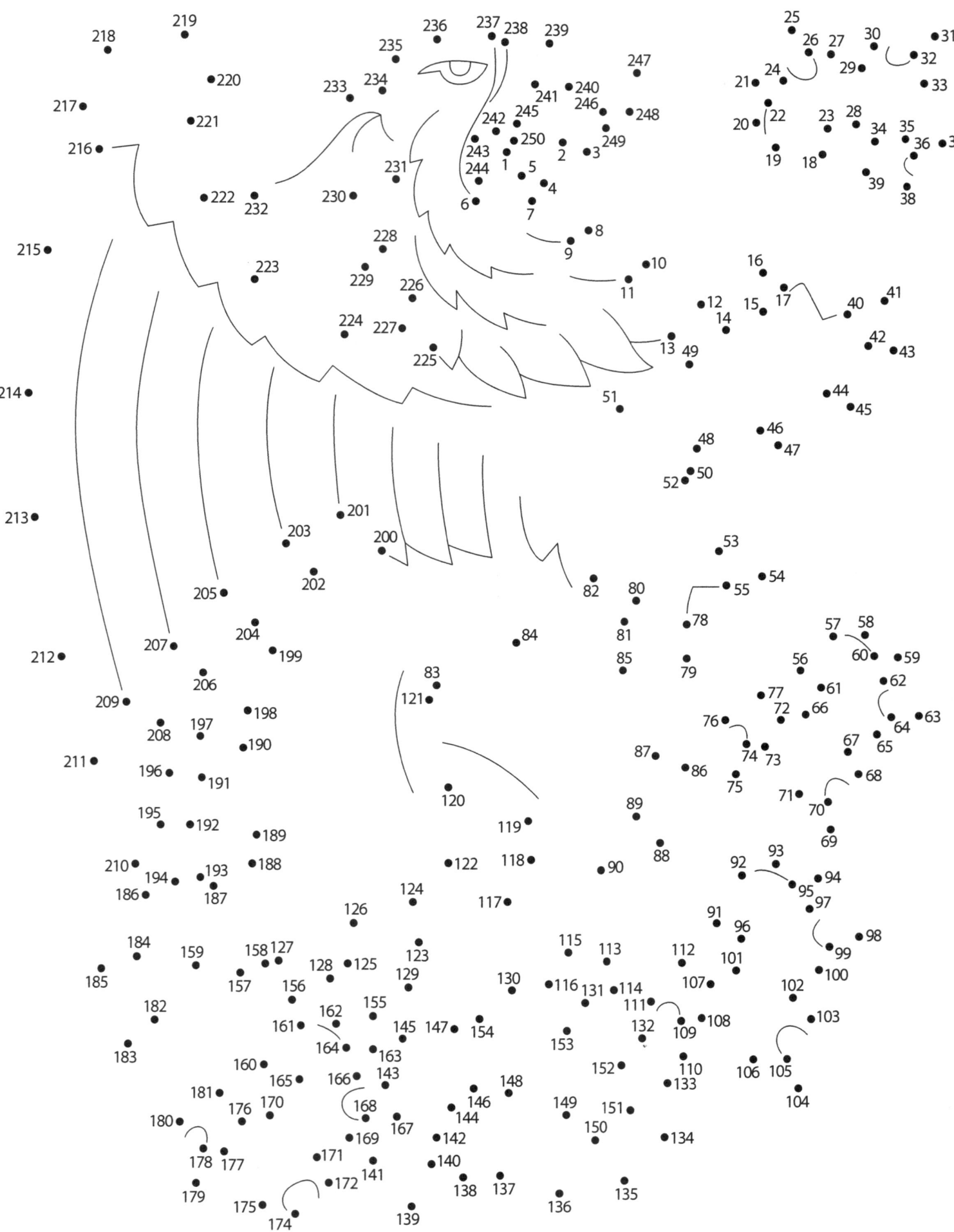

110

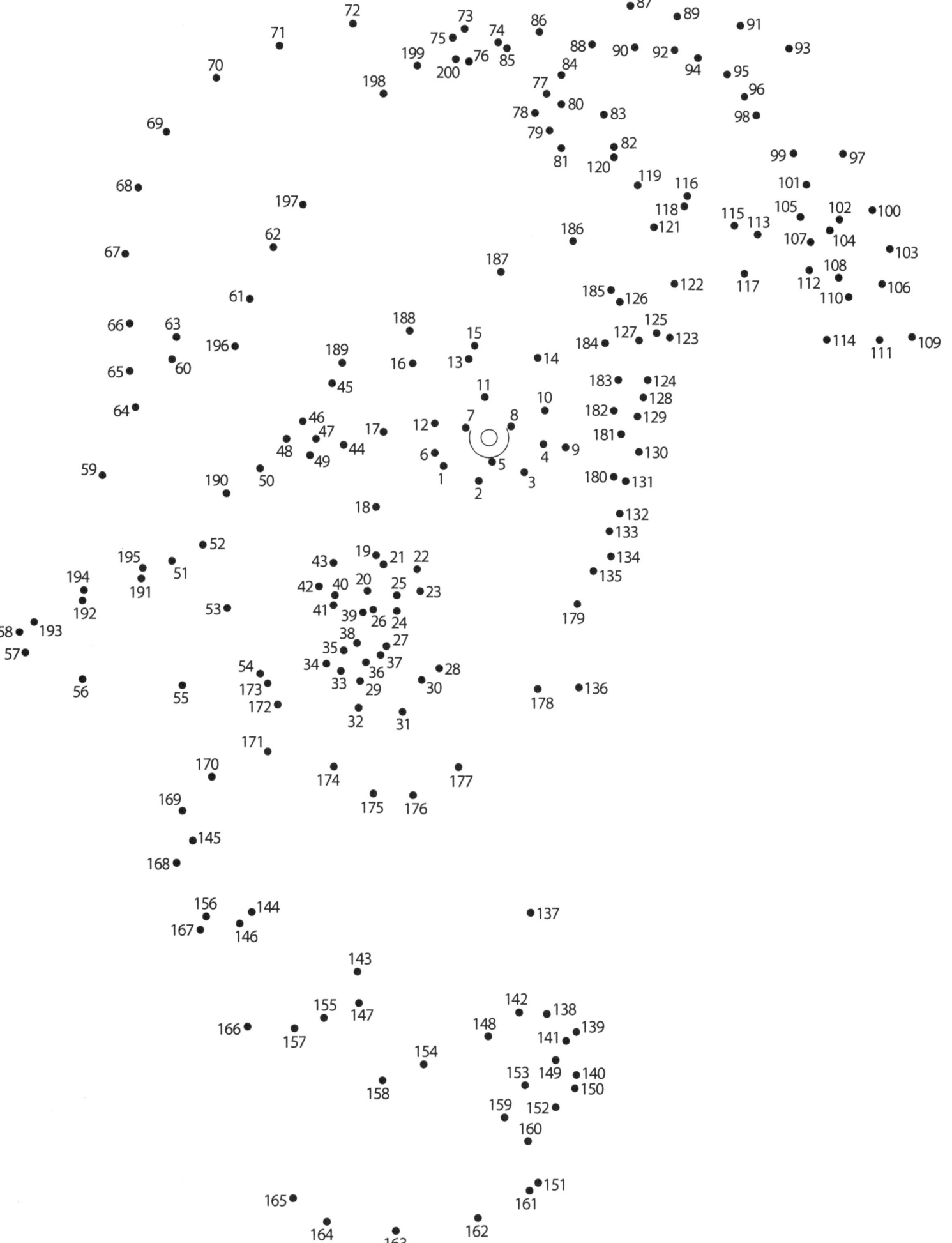

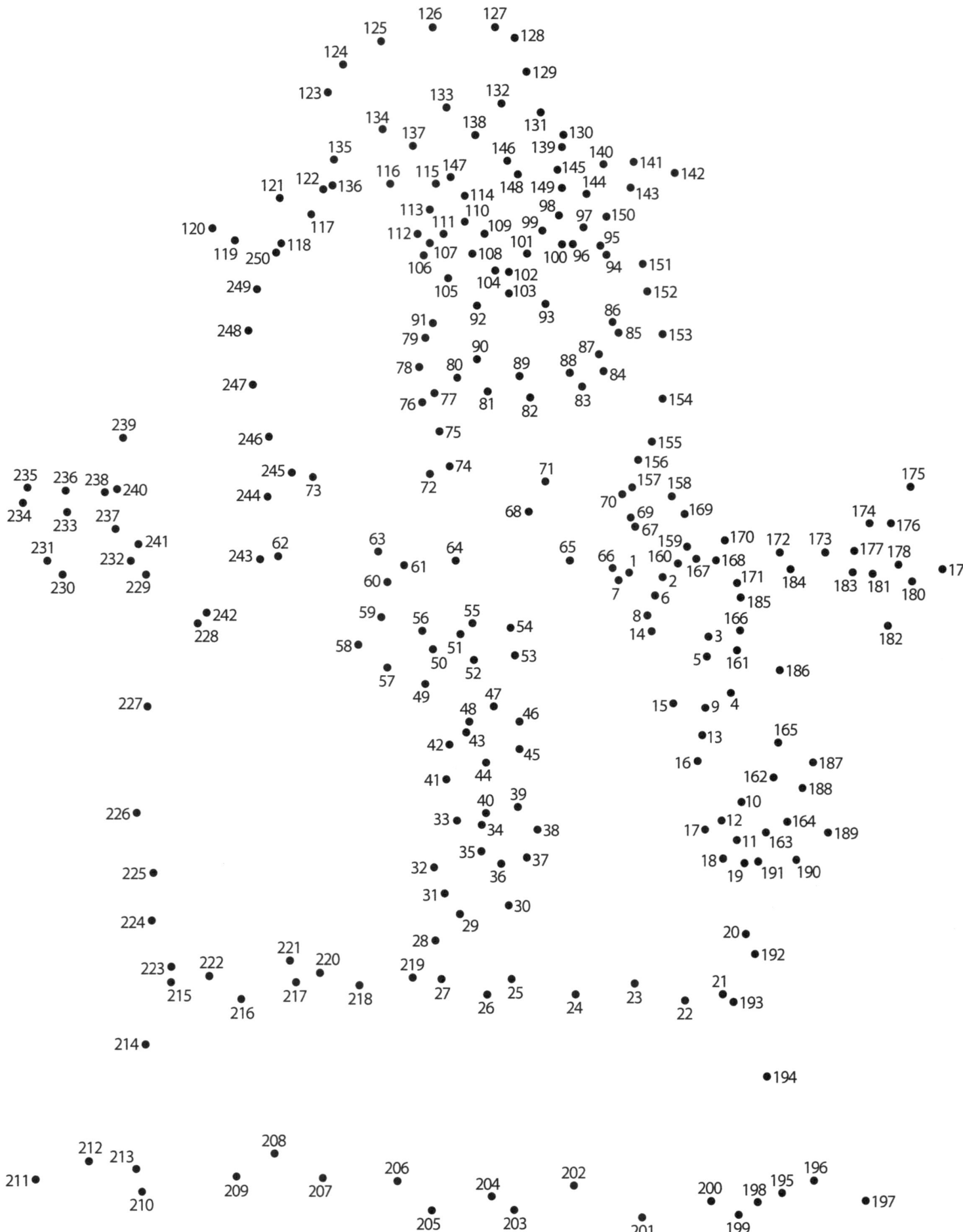

112

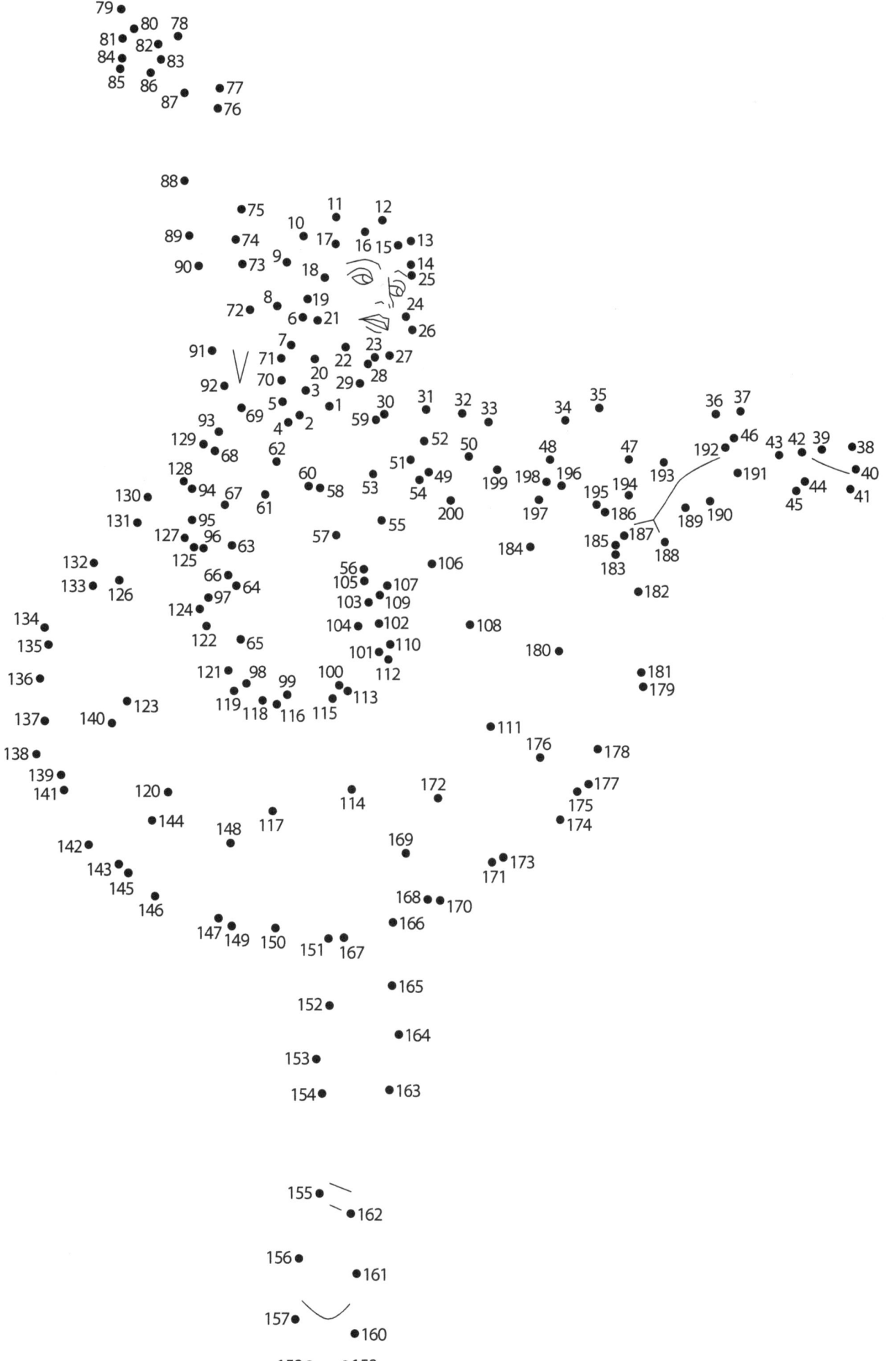

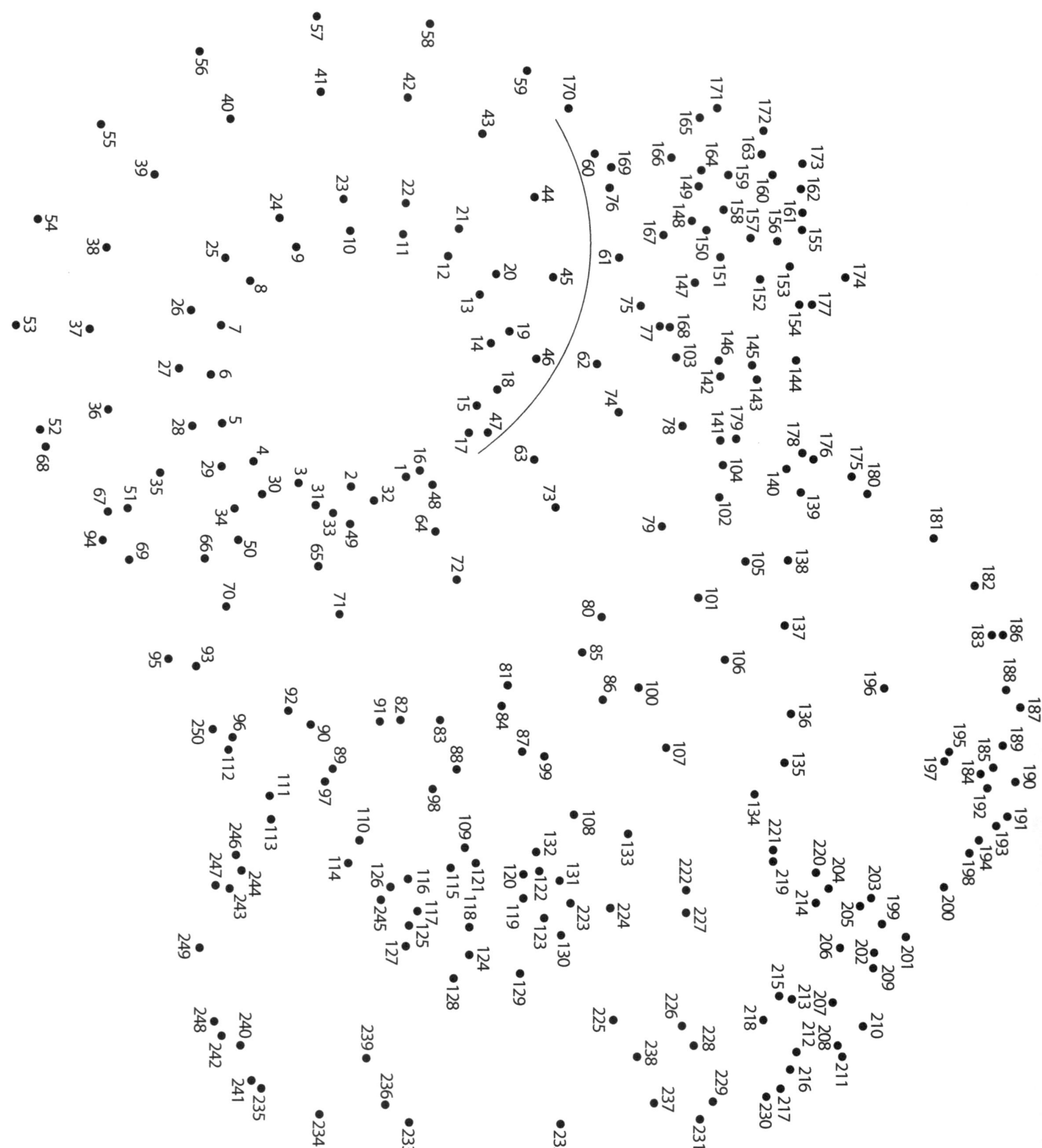

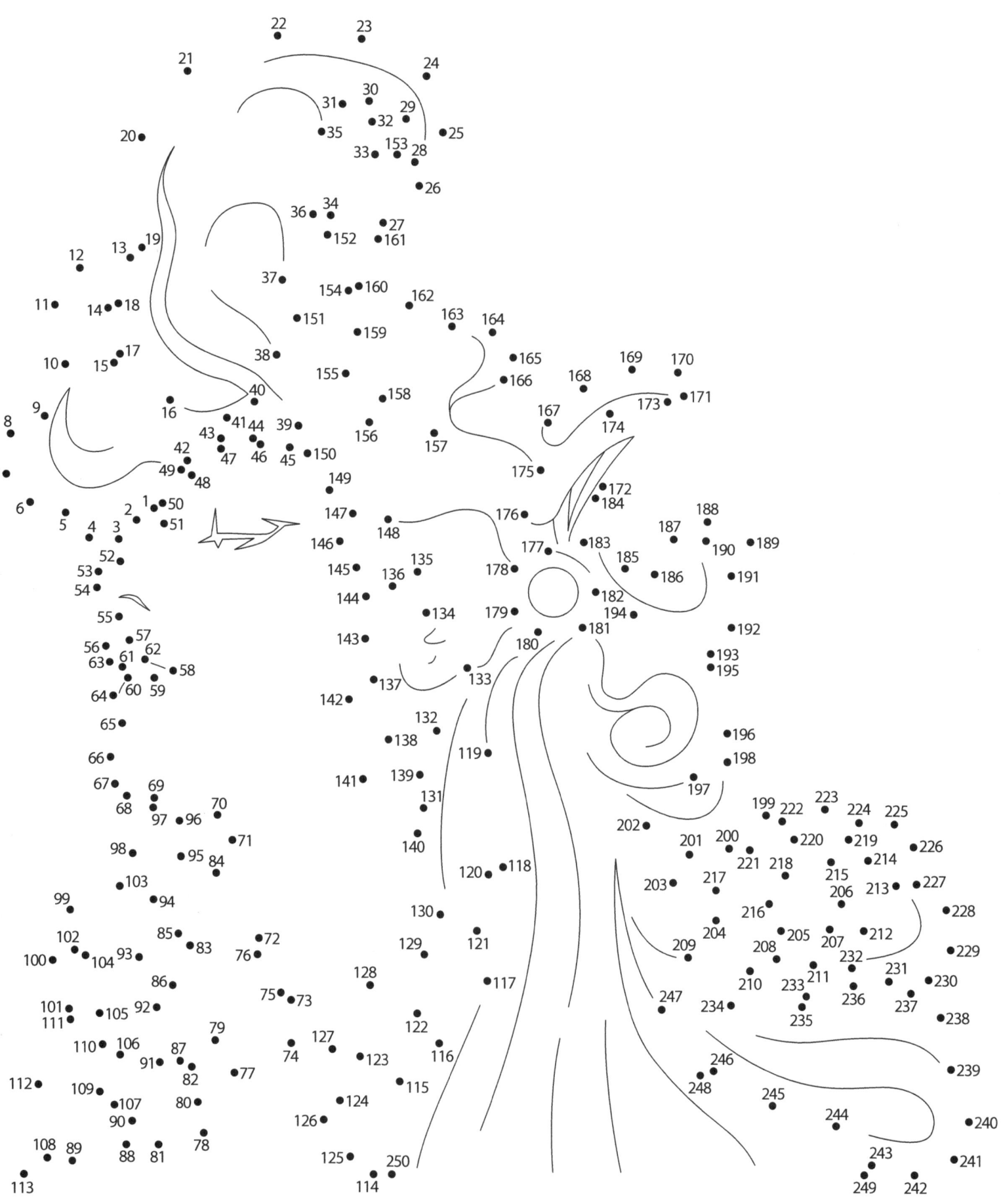

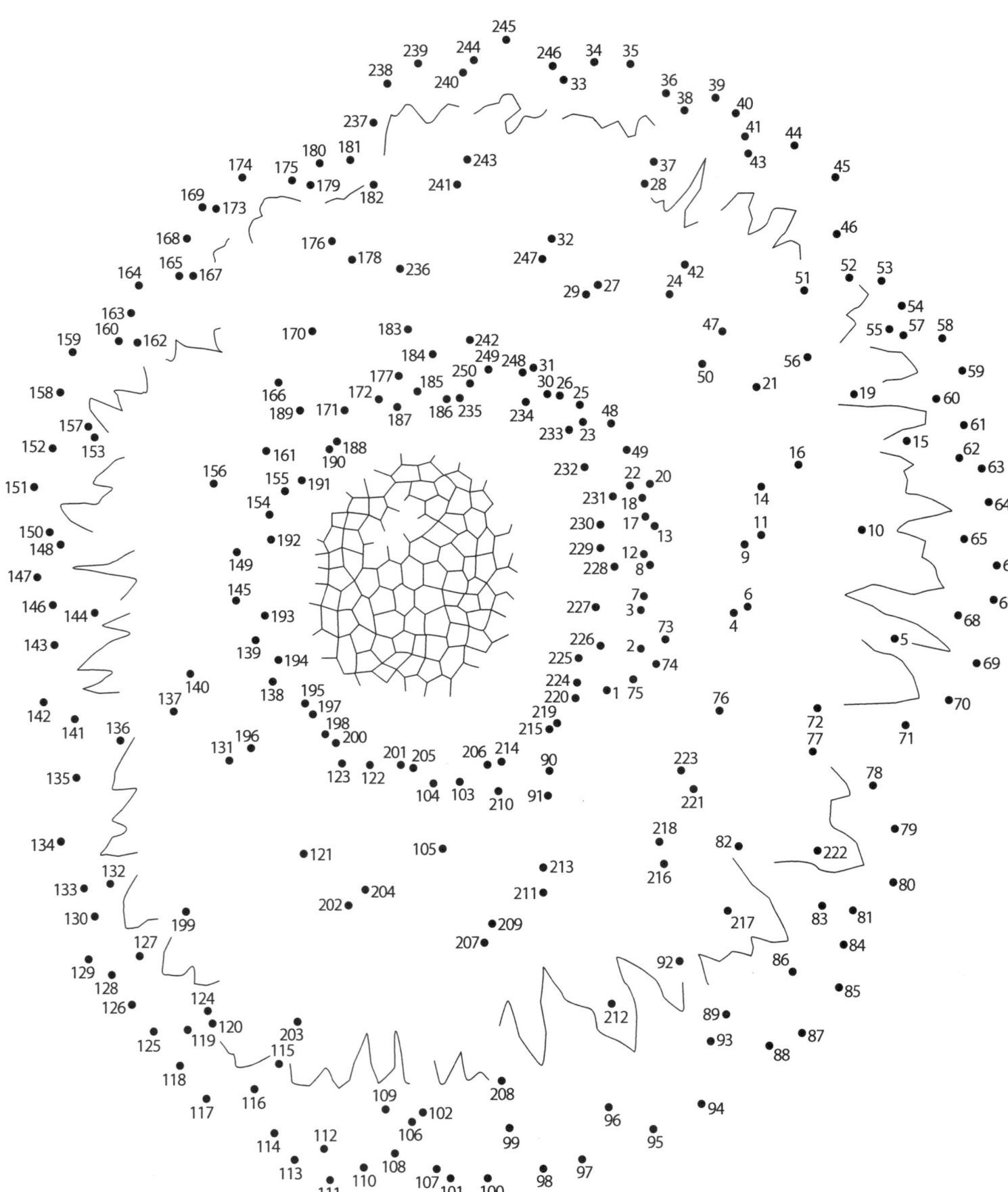

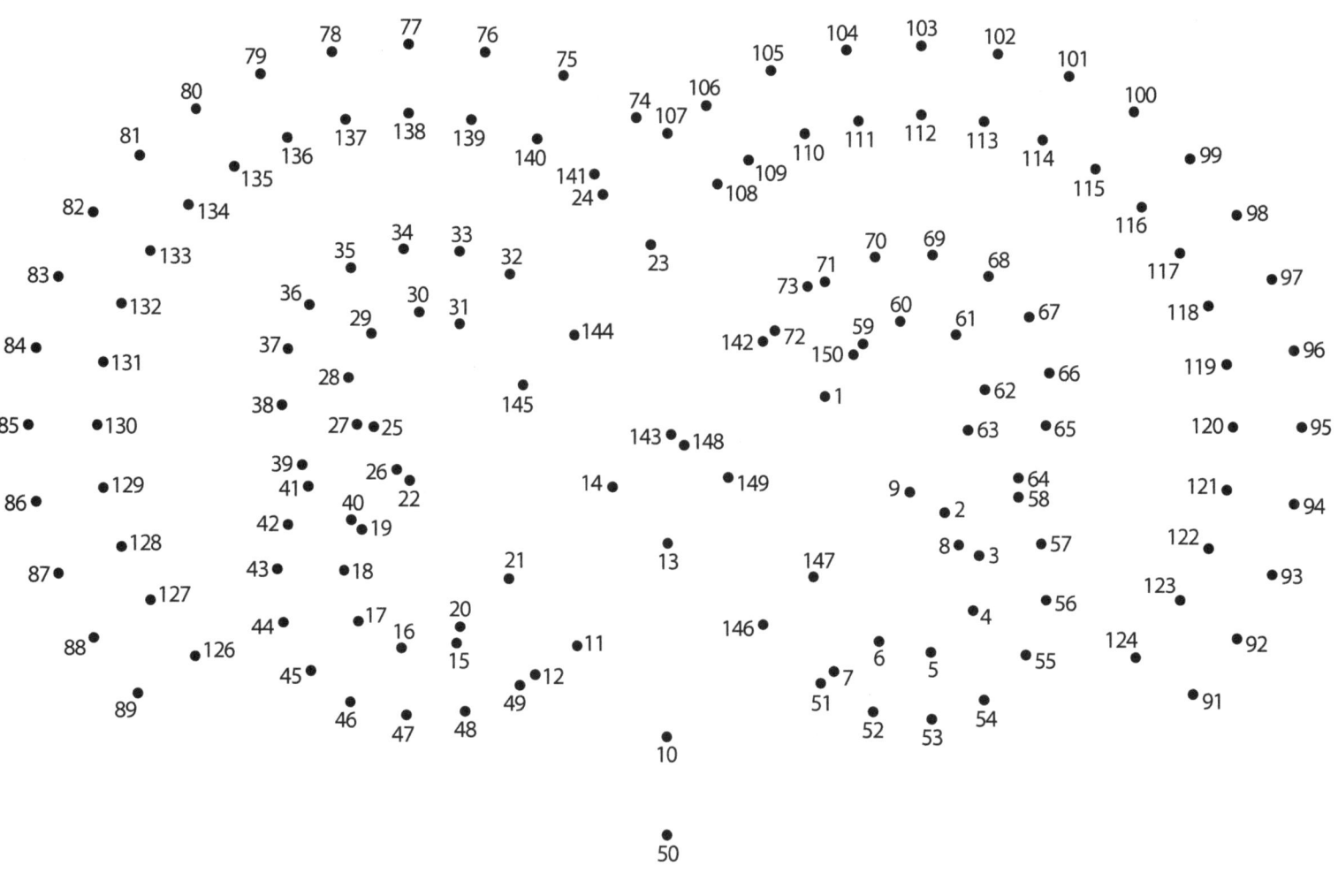

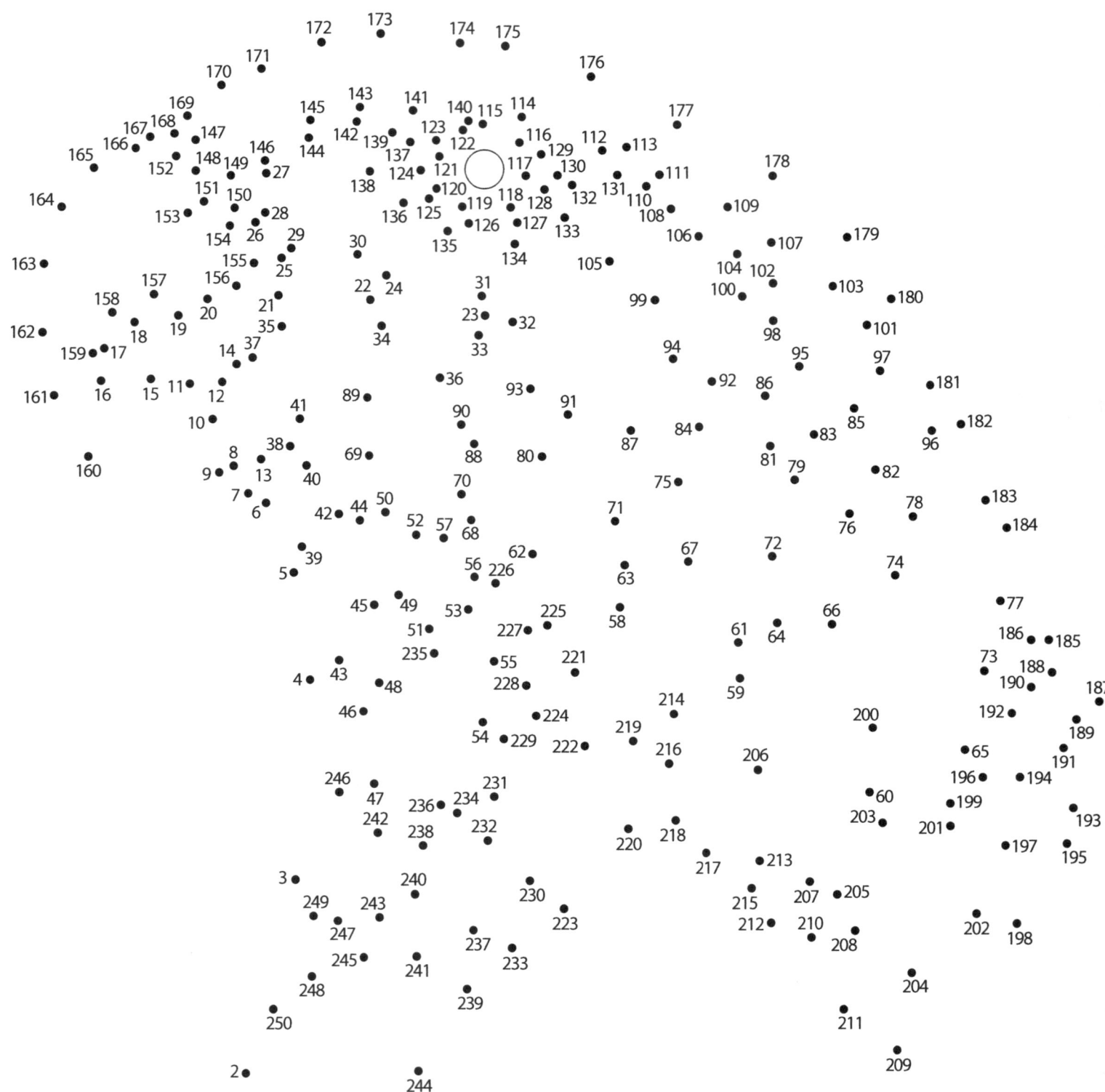

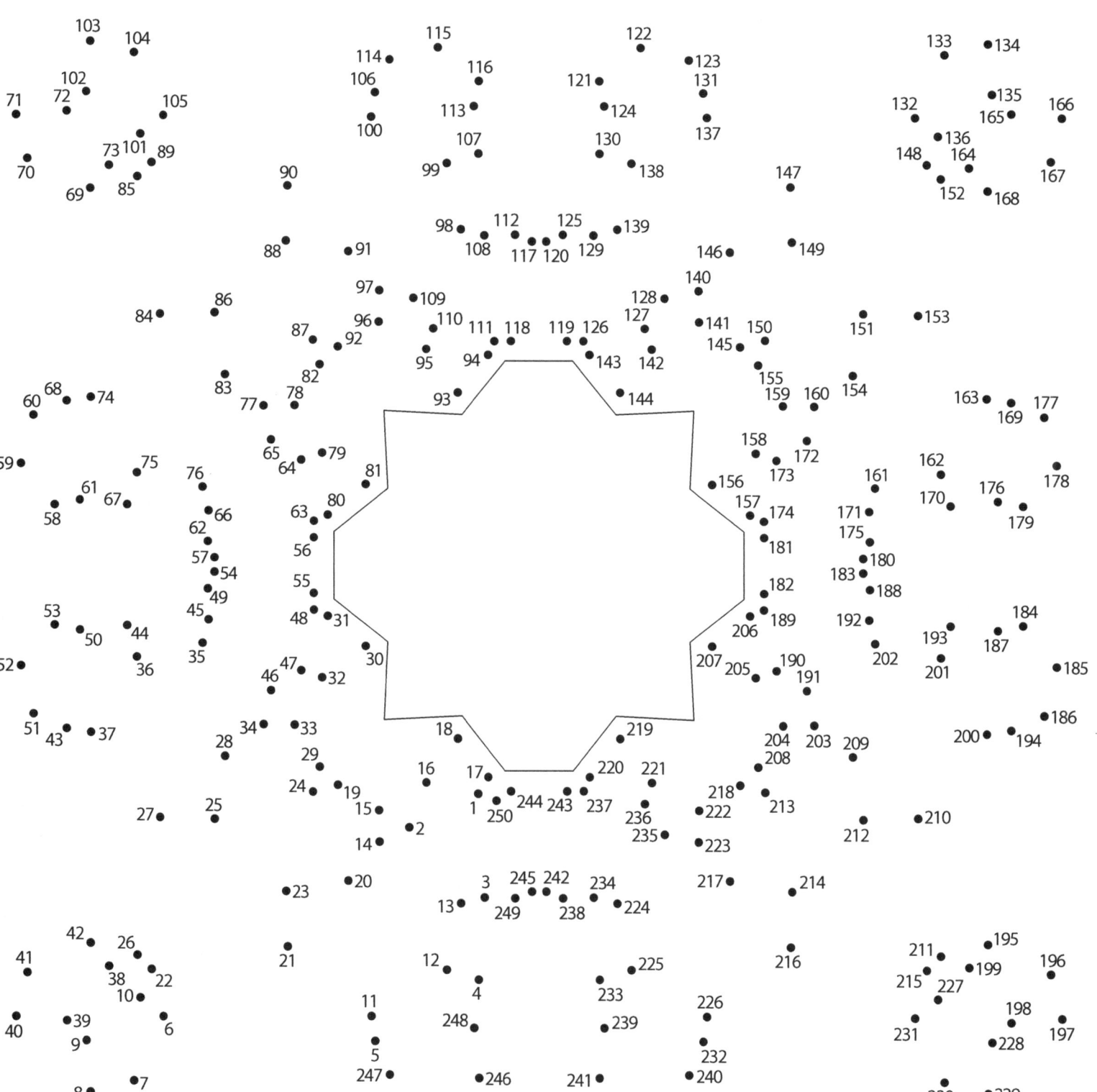

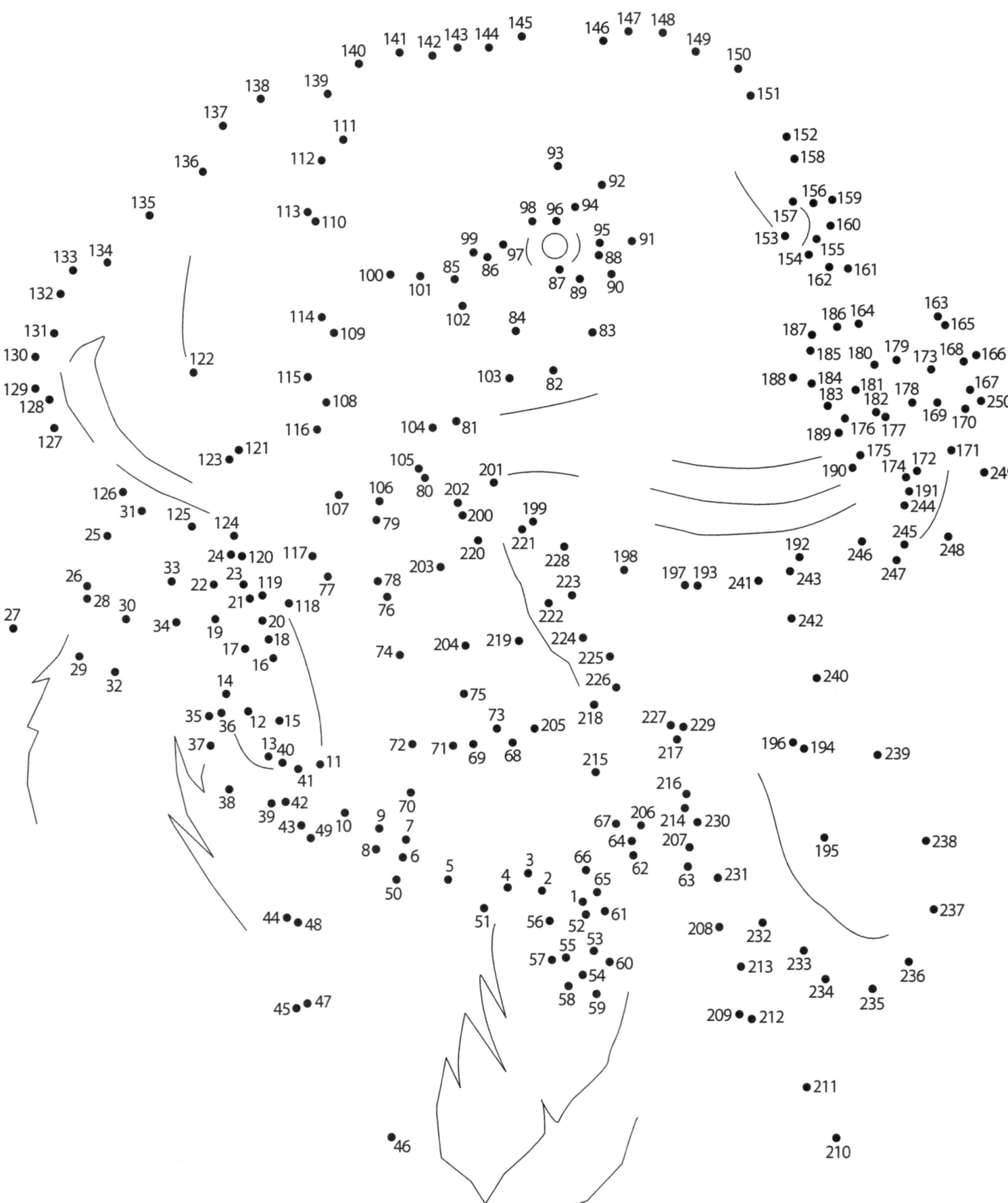

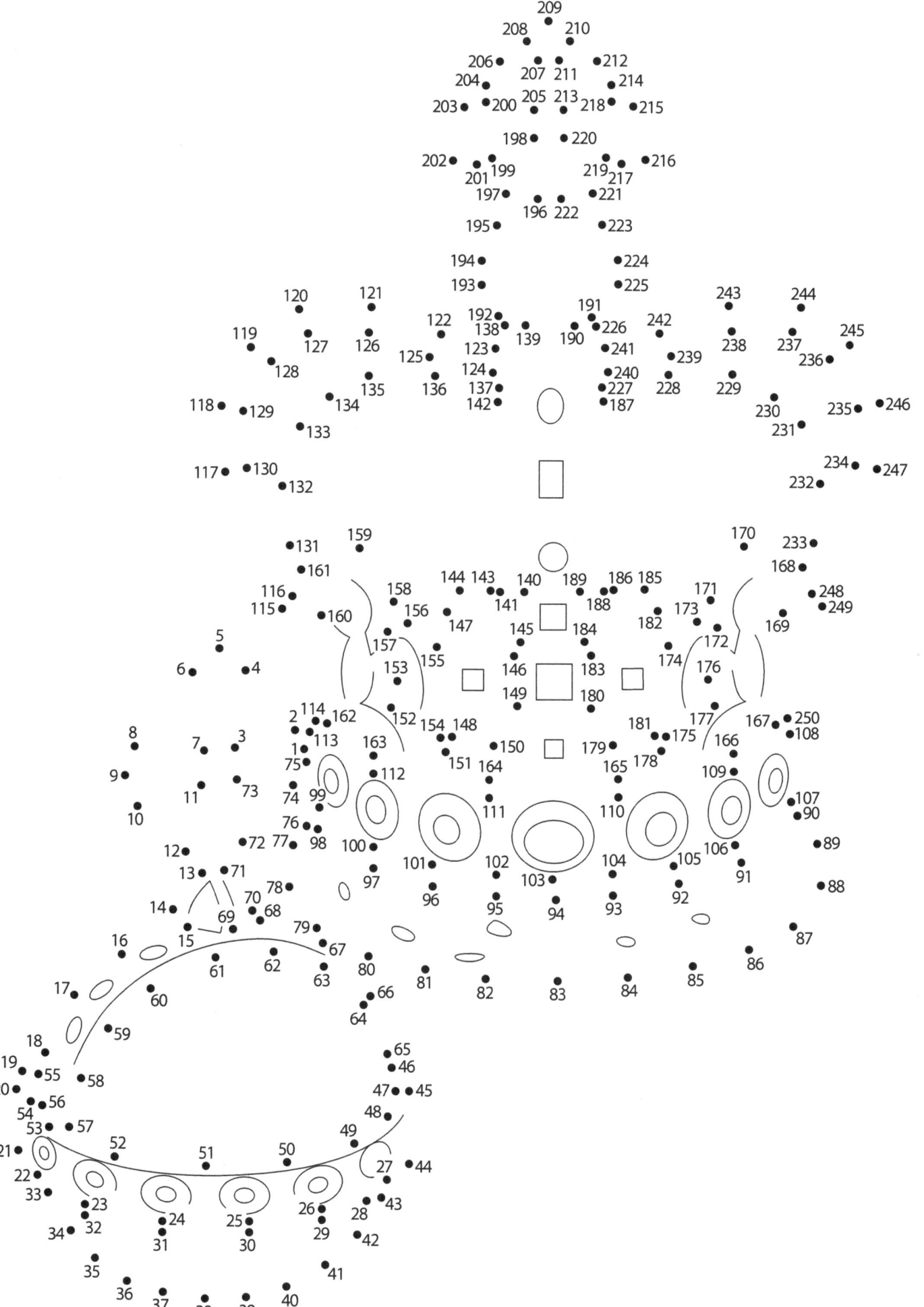

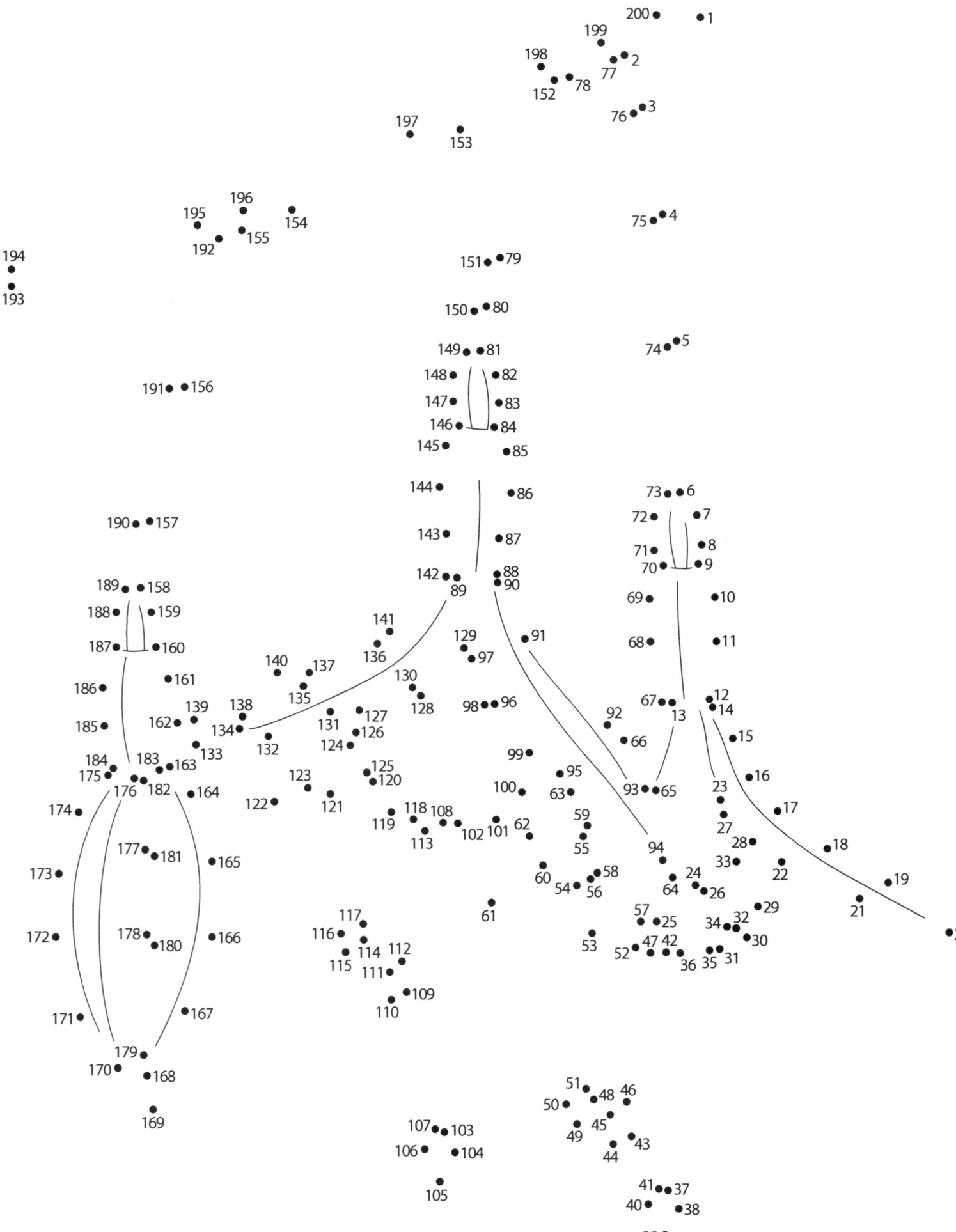

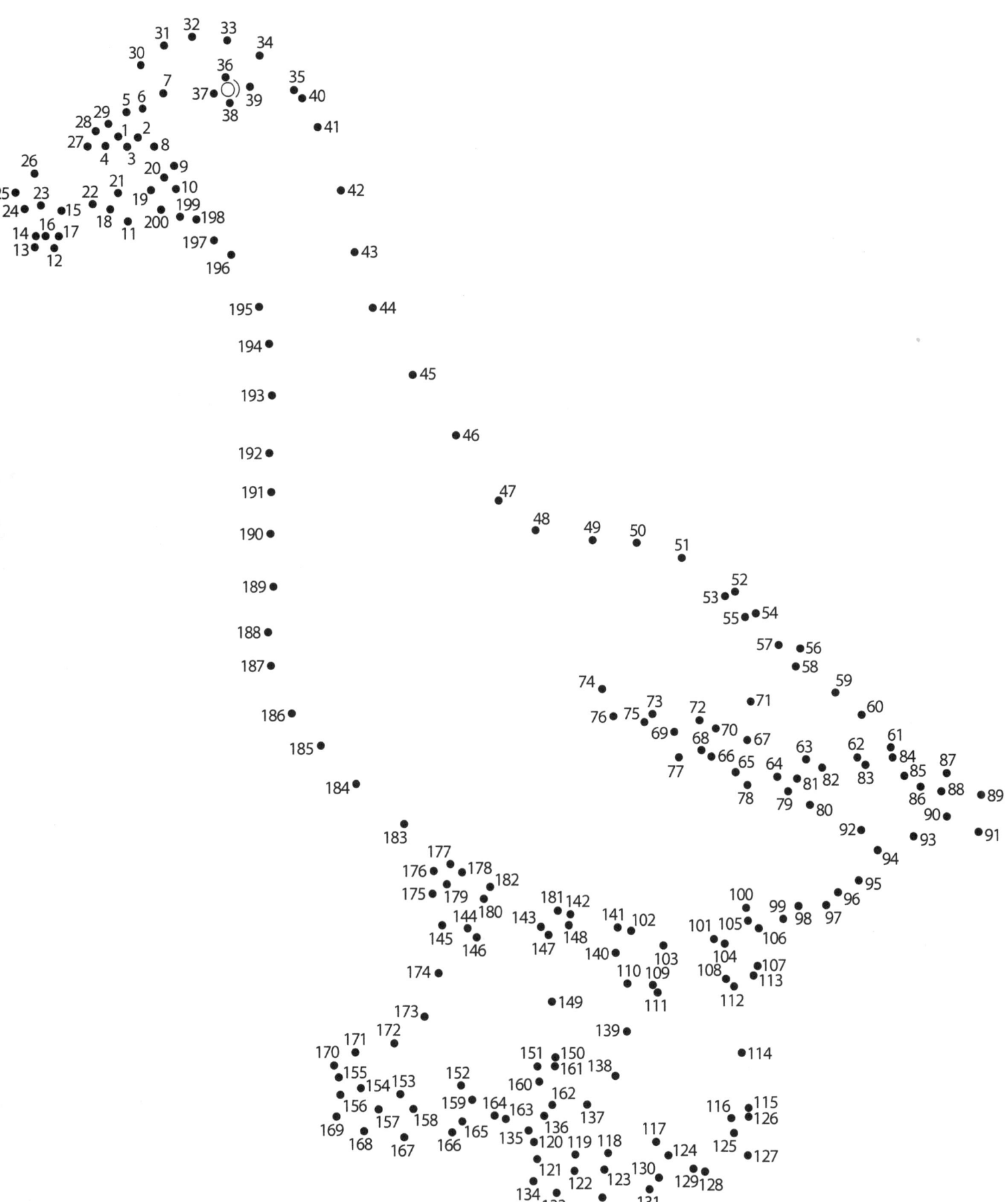

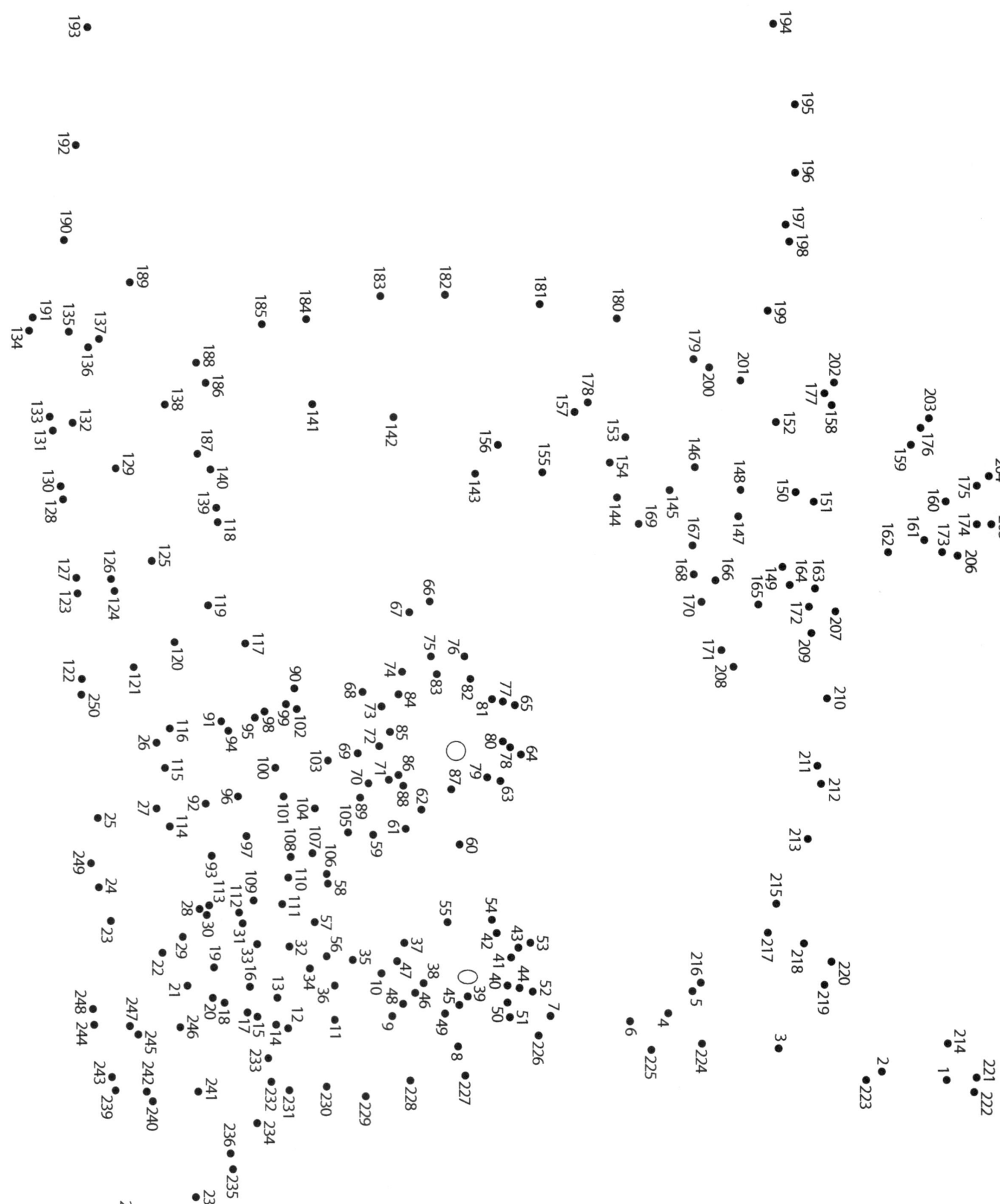

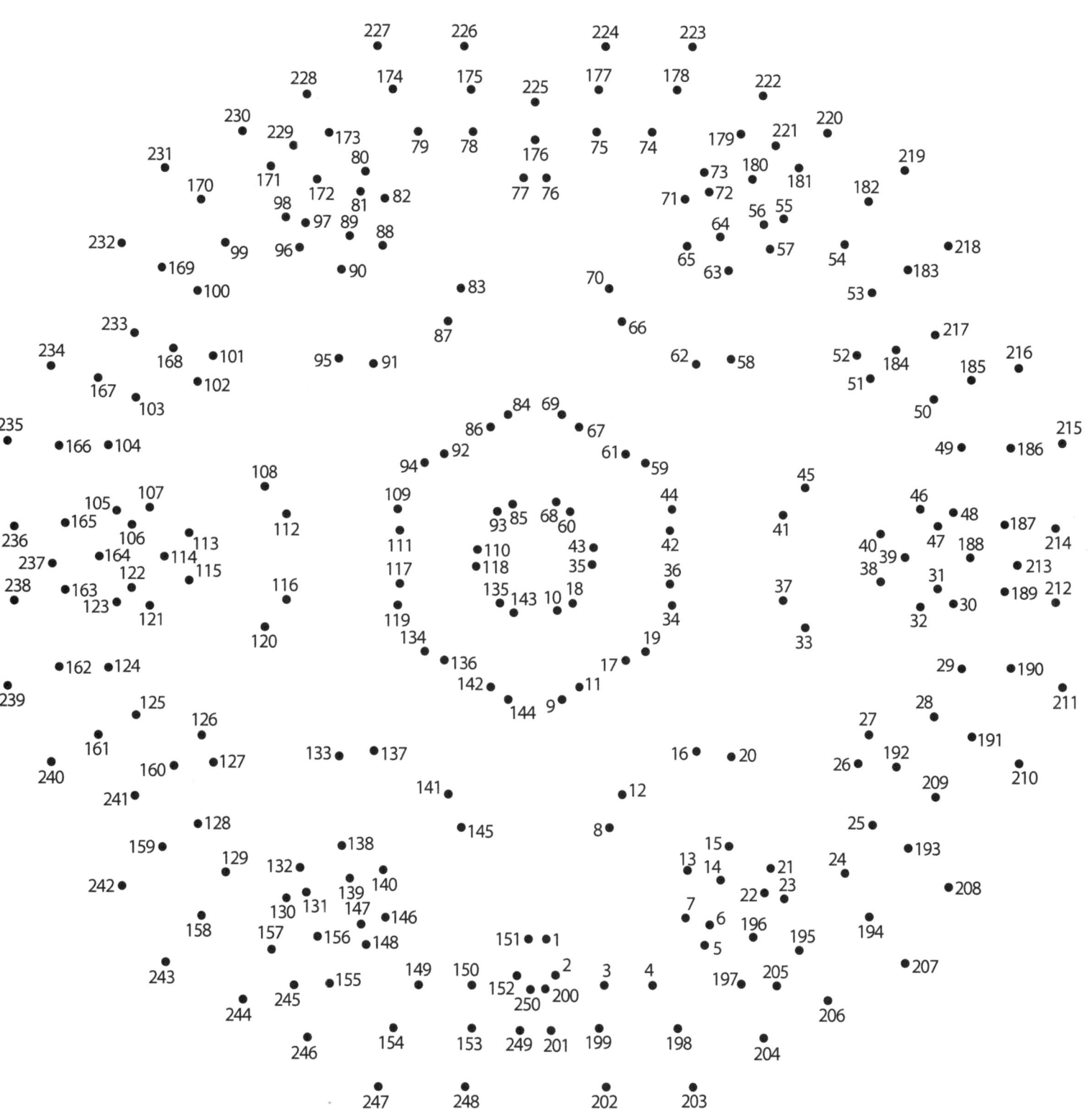

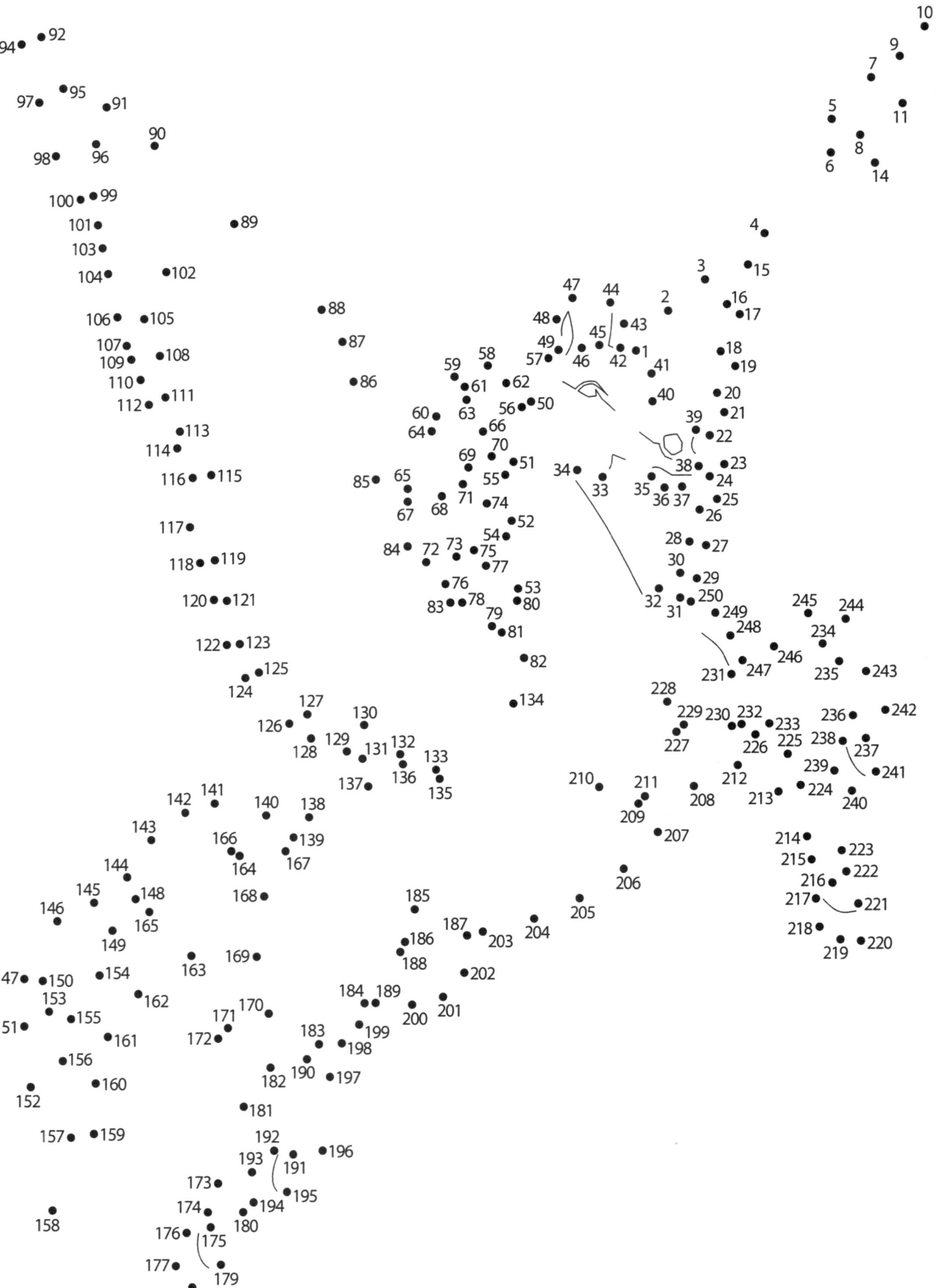

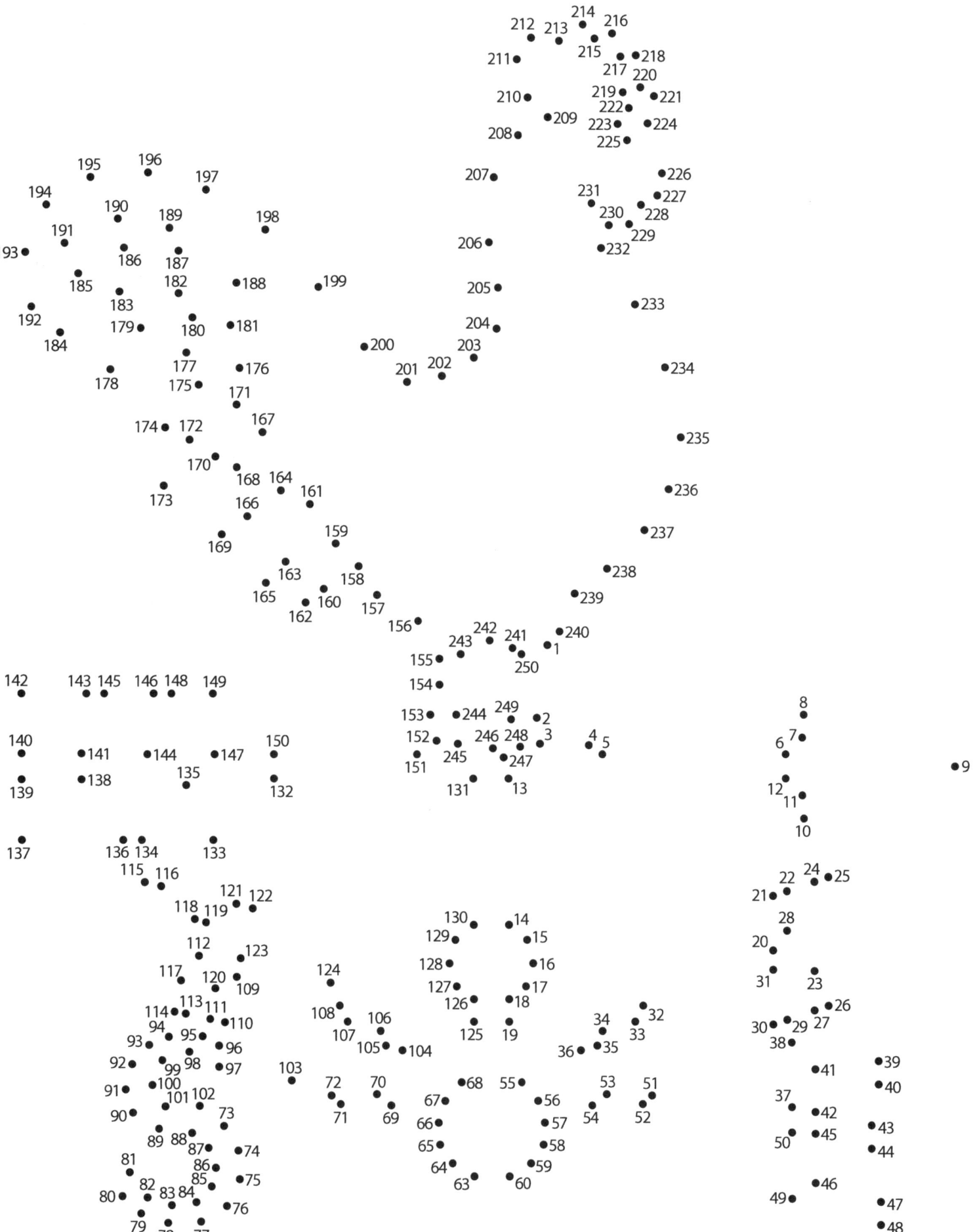

LISTA DE ILUSTRACIONES